링크드인
취업 혁명

취준생 99%가 모르는 3개월 만에 해외 취업 돌파하기

링크드인 취업 혁명

초판 1쇄 인쇄 2022년 8월 16일
초판 1쇄 발행 2022년 8월 23일

지은이 김민경(미쉘)

발행인 백유미 조영석

발행처 (주)라온아시아
주소 서울특별시 서초구 효령로 34길 4, 프린스효령빌딩 5F

등록 2016년 7월 5일 제 2016-000141호
전화 070-7600-8230 **팩스** 070-4754-2473

값 17,000원
ISBN 979-11-92072-76-0 (03320)

Linkedin

링크드인 취업 혁명

김민경(미쉘) 지음

RAON BOOK

프롤로그

누구나 글로벌 커리어를 꿈꿀 수 있는 시대

판이 바뀌는 디지털 시대, 당신은 지금 어떤 준비를 하고 있는가? 2020년 코로나19로 모든 것이 멈추고 변화하였다. 4차 산업혁명이 10년 가속화한 지금, 취업을 준비하는 우리는 어떻게 대응해야 할까? 컨택트에서 언택트로 속도는 빨라졌고, 모든 기업들은 그러한 트렌드에 대응하기 위해 시스템을 통째로 바꾸는 작업을 시도했다. 비단 기업에만 해당하는 것은 아니다. 우리 개개인도 마찬가지다. 특히 글로벌 커리어를 꿈꾸는 해외 취업 준비생 또는 이직을 준비하는 이들에게는 어떤 것이 필요할까 하는 질문이 머릿속을 떠나지 않았다.

세무학을 전공한 뒤 외국계 제약 회사의 브랜드 마케터로 근무한 나는 늘 마케팅 공부를 제대로 하지 못한 부분에 대한 아쉬움이 있었다. 회사 업무에서 마케팅 관련 용어가 나오면 자주 어려움에 직면했고, 영어로 진행되는 업무에서 오는 스트레스로 잠을 이루지 못해 밤을 지샌 적도 많았다. 몇 년을 괴로워하다 결국 다니던 회사를 그만두었고 아들과 함께 캐나다 토론토로 가서 새롭게 영어와 마케팅을 공부하기로 결정하였다.

캐나다로 올 때 "왜 다니고 있는 좋은 직장을 관뒀어?" "마케팅이나 영어 공부 좀 더 한다고 다시 캐나다에서 취업이 될 것 같아?" "젊은 사람들도 취업 못 해서 난리인데, 그 나이에 쉽지 않을 거야" 등의 염려와 걱정 가득한 많은 지인들의 목소리에 상당히 우울했다. 하지만 그 당시 스스로에게 했던 말이 있다. '내 인생의 주인공은 나이며, 나이나 경력 단절로 인해 절대 기죽지 말자'고, 동시에 새로운 터전을 위해 당장 실행에 옮길 수 있는 계획과 앞으로 필요한 계획을 세웠고, 그런 다음 새로운 땅 캐나다에 도착해 그 계획들을 하나하나 실행에 옮기기 시작하였다.

나는 얀센, 아스트라제네카 등 한국에서 톱 10에 드는 제약 회사의 마케터로 근무했지만, 글로벌 시대에 맞춰 외국의 글로벌 기업에 취업해 영어를 유창하게 구사하며 커리어를 멋지게 쌓고 싶다는 소망을 항상 가지고 있었다. 하지만 현실적으로 국내 경력이 있다고 해도 해외 취업이 쉽게 되는 것은 아니며, 캐나다 역시 현지에서 쌓은 경험을 더욱 중요시했다.

그렇게 나는 불혹의 나이에 육아를 하면서 마케팅 매니지먼트(Marketing Management)와 소셜미디어(Social Media) 준석사 과정을 공부하기 시작했다. 또한 전공과 관련된 파트타임 포지션을 찾아 다녔다.

그 당시 주변의 많은 분들이 캐나다에서 그 짧은 기간에 어떻게 관련 직업을 가질 수 있었는지 자주 질문했다. 그것은 내가 사용했던 SNS 플랫폼의 하나인 '링크드인'을 적극적으로 활용했기 때문이다. 마케팅을 다시 공부하면서 강의 시간에 우연히 들은 링크드인을 통해 적극적으로 롤 모델들을 찾아 벤치마킹하기 시작했다. 나는 우리나라 사람들이 세계 각지에서 성장해 나가는 모습을 보고 싶었다. 그래서 링크드인을 통해 도움받은 부분을 주변의 많은 친구들과 지인들에게 나누기 시작했다. 그리고 다른 사람들이 나의 도움을 통해 성장하는 것을 보며 희열을 느꼈다.

북미와 유럽권에서는 직장인의 90% 이상이 링크드인을 사용하고 일반 사업자들도 해외사업 파트너를 링크드인으로 찾는다는 얘기를 교수님에게 들었을 때, 세계가 플랫폼 하나로 연결되어 있다는 사실에 새삼 놀라웠다. 그리고 이 플랫폼을 완벽하게 익혀서 내 것으로 만들면 취업으로 가는 첫 번째 관문을 뚫는 데 아주 훌륭한 툴이 될 것임을 예감했다.

세상에 노력 없이 이루어지는 것은 없다. 좋은 이력을 가지고 있더라도 직접 문을 두드리지 않으면 아무도 나를 찾지 않는다. 실제로 여러 링크드인 사용자들의 프로필 페이지를 들어가 보면 스펙이 안 좋아서 취업을 못 하는 경우보다 경험이나 커리어를 본인의 프로필에 제대로 표현하지 못해 원하는 곳에 취업하지 못하고 있다는 것을 알 수 있다. 프로필을 작성하는 단계에서 자기 브랜딩에 대한 적절한 해법을 찾지 못하는 사람들이 생각보다 많다. 다시 말해 프로필 업로드 과정에서 포지션 또는 회사의 관련 담당자를 어떻게 타깃팅해야 하는지 잘 모르는 것이다.

앞으로 10년은 언택트가 주도하는 세상이 될 것이다. 빠른 변화의 흐름 속에서 세상을 주도하는 그룹은 장소와 시간에 구애받지 않고 이익을 올리는 방법을 아는 인재들과 그들과 함께 일하고 싶은 인재들을 확보하는 기업일 것이다. 그렇다면 대한민국에서 대학을 졸업한 주니어나 시니어는 앞으로 어떤 전략으로 커리어를 쌓고 취업을 준비해야 할까? 초연결 사회가 되고 있다. 그리고 해외로 뻗어나고 싶어하는 이들에게 링크드인을 통한 해외 취업은 이제 시작될 것이다.

이 책은 링크드인을 활용한 해외 취업 준비 노하우와 지금까지 내가 겪고 보고 들은 실제 해외 취업 경험을 바탕으로 구성됐다. 해외 취업을 꿈꾸는 사람들에게 에너지를 주고 구체적인 솔루션을 제시함으로써 그들이 더욱 효율적으로 해외 취업을 준비하길 바란다. 또한 앞으로 글로벌 노마드로 살아가면서 항상 누군가를 돕는 삶을 꿈꾸고 소망하고, 선한 영향력을 통해 더 많은 이들의 삶이 더욱 풍성해지기를 바란다.

김민경 (미쉘)

차 례

2장

막막한 해외 취업과 너무나 모르는 링크드인

3장

글로벌 인맥을 쌓아 해외 취업하기

4장

나만의 매력치를 최대치로 올려라

5장

나의 가치를 2배로 끌어올리기

부록

Linkedin

1장

취준생 상위 1%만 아는 해외 취업 돌파구

애프터 코로나 시기에 늘어난 해외 기업 언택트 포지션

세상이 달라졌다

2021년 대한민국의 취준생은 86만 명으로 역대 최대를 기록했다. 청년 155만 명이 학교를 졸업하고도 직장을 구하지 못해 여전히 취업 준비를 하고 있는 셈이다. 더욱 안정된 취업을 하기 위해 취준생 3명 중 1명은 공무원 시험을 준비한다는 내용이 기사화된 바 있다. 취업난은 더 이상 특별한 이슈가 아닌 보편적인 사회현상이 되었다.(남건우, “청년 취준생 86만 명 ‘사상 최대’…3명 중 1명은 공무원 준비”, 〈동아일보〉, 2021. 7. 20.)

게다가 대기업들의 신입 공채도 더 이상 기대할 수 없게 되었다. 사실 코로나19 이전부터 사회 전반적으로 가용 노동 인력이 급감하고 있었다. 발 빠르게 채용 시스템을 전환하고 있던 대기업들은 코로나19로 인해 속도를 더욱 높이고 있다. 일례로 2021년 하반기부터 몇몇을 제외한 대다수 대기업들이 신입 채용 횟수와 인원을 줄이고 있다. 또한 신입사원 채용 방식을 수시 채용으로 전환하는 등 많은 기업들이 공채를 사실상 폐지하고 있는 실정이다. 과거에는 한국에서 명문 대학을 졸업한 후 좋은 회사에 취업하는 것이 정해진 수순이었다. 대부분 그 경로를 밟으면 안정적인 삶이 보장되었다. 그래서 모두 정해진 그 길을 가려고 비슷한 방식으로 노력했다.

하지만 이제 세상이 달라졌다. 명문대와 인기 학과가 무색할 정도로 취업난이 계속되고 있다. 저성장 시대로 접어든 한국의 자화상이다. 하지만 취업의 눈을 해외로 넓히면 이야기가 달라진다. 글로벌 시대에 취업시장은 전 세계로 확대되었으며 앞으로 우리 인생이 어떻게 펼쳐질지, 미래에 어떤 일이 자신에게 일어날지 정확히 예측할 수 있는 사람은 아무도 없다.

눈을 넓혀 도전하는 사람들, 즉 내 길은 내가 만들 수 있다고 믿고 계속 두드리는 자에게는 반드시 기회가 온다. 그렇다면 우리는 어떤 시대에 살고 있으며 어떤 준비를 해야 할까?

언택트와 컨택트의 양다리를 걸치다

800만 베이비붐 세대(1955~1963년생)의 은퇴를 앞두고 인력난을 겪는 노동 현장에서는 청년들의 취업난이 해소될 것으로 기대했지만 실상은 달랐다. 회사에 충성하는 숙련된 노동자들이 사라진 자리에, 워라밸을 중시하며 자신의 취향을 존중받기를 원하는 청년들은 들어가고 싶어 하지 않는다. 누가 봐도 좋은 일자리나 자신에게 꼭 맞는 직업을 찾아다니는 MZ세대들과 각계각층에서 요구되는 인력 간에 큰 인식의 차이가 존재한다. 이러한 상황에서 중소기업들은 더욱더 인력난을 호소하고 있다.

사회의 변화를 빠르게 받아들이는 이들은 늘 기성세대의 생각과 차이가 있었지만, 코로나19 시대에 그 차이가 더 크게 벌어졌다. 컨택트로만 살아남는 시대가 저물고 마음만 먹으면 언택트로도 충분히 파이어족이 될 수 있다고 말한다.(신희은, "대학생이 벌써 파이어족…제주 내려가 '월 1200만 원' 버는 비결은?", 〈머니투데이〉, 2021. 10. 6.) 어느 청년이 즐거움도 없는 자기희생의 험난한 길을 택할 것인가? 그러나 아무런 준비 없이 파이어족을 꿈꾸는 것도 어불성설이다.

영업사원처럼 발로 뛰어 고객을 직접 만나는 비즈니스 방식은 회사 운영에 있어서 기본 중의 기본이다. 인간관계를 유지하는 기본 방식이자 비즈니스의 가장 중요한 방법으로서 대면은 당연한 것이었다. 그러나 인터넷이 생겨나고, 현실에서 만나는 듯한 느낌을 줄 수 있는 가상공간 메타버스(Metaverse, 웹상에서 아바타를 이용하여 현실 세계와 같은 사회, 경제, 문화적 활동을 하는 3차원 세계)

가 생기면서, 우리는 직접 만나지 않고도 성과를 낼 수 있게 되었다. 온전한 디지털 시대가 열린 것이다. 아직도 직접 만나서 해결해야 할 일도 많지만, 코로나19로 인해 재택근무가 늘고 가상공간에서도 충분히 성과를 거둘 수 있게 되었다. 대면과 비대면이 공존하는 시대이지만, 필요에 의해 비대면의 비중이 높아지고 있는 것이다. 따라서 예전처럼 오프라인으로만 준비해서는 승산이 없다. 반드시 온라인이 병행되어야 한다.

최근 디지털 시대의 특징은 공간과 시간의 경계가 사라졌다는 것이다. 또한 많은 기업들이 재택근무를 30% 이상으로 확대하겠다고 선언했다. 많은 사람들이 재택근무를 하면서 이제는 국경이나 시차가 큰 의미 없게 되었다. 또한 원격근무가 많아지면서 일자리를 구하는 과정도 오프라인에서 온라인으로 변경되었다. 직접 만나기보다 온라인 미팅을 통해 면접을 보는 것이다.

코로나19로 2020년과 2021년은 대규모 원격근무가 진행되었다. 최대의 화두는 재택근무를 할 수 있는가, 아니면 예전처럼 매일 사무실 혹은 현장으로 출근해야 하는가였다. 팬데믹 시기를 지나면서 원격근무, 즉 언택트 포지션(Untact Position)의 장단점이 더욱 분명해졌다. 가장 큰 장점으로 재택이 가능한 직종들은 사무실에 굳이 출근하지 않아도 업무 성과를 올릴 수 있다는 것이다. 아울러 직원들의 업무 만족도는 훨씬 컸다. 2020년 5월, 세계적인 소셜미디어 업체 트위터가 무기한 재택근무를 허용하면서 포스트 코로나 시대에 이러한 근무 방식은 '뉴노멀(New Normal)'이 되었다. 이후 구글(Google), 메타(Meta), 마이크로소프트(Ms, Microsoft) 등의 기업들도 재택근무를 유연하게 하도록 조치했다. 많은 기업들은 이제 원격근무로 많은 업무를 차질 없이 처리할 수 있음을 경험했다. 그리고 직원들은 출퇴근에 시간과 에너지를 소비하는 대신 본인과 가족을 돌아볼 여유가 좀 더 생겼다.

그렇다면 코로나19 이후 기업들의 원격 포지션에 대한 트렌드나 선호도는 어떨까? 맥킨지의 경영진을 대상으로 한 설문조사에 의하면, 경기가 다시 회복되면서 많은 회사들이 원격근무 포지션과 하이브리드 모델을 유지할 것이라고 밝혔다. 실제로 업무 효율성으로 보았을 때, 인력의 20% 이상이 일주일에 3~5일 원격근무를 해도 문제없다고 한다. 온택트(Ontact, 사람과 사람이 직접 만나지 않는 비대면을 의미하는 언택트(Untact)에 온라인 연결(On) 개념이 더해진 것으로 온라인으로 소통을 이어가는 방식), 원격근무가 그 정도로 유지된다면 코로나19 이전보다 3~4배 많은 사람들이 재택근무를 하게 될 것이며, 무엇보다 도시 경제, 교통, 소비 지출 감소에 큰 영향을 미칠 것이다.

이렇듯 코로나19는 직장인들에게도 영향을 주었다. 특히 직장인들이 재직 중인 회사에서 장기 근무를 결정하는 가장 큰 기준이 '집에서도 일할 수 있는가?'라는 것이다. 검역과 폐쇄, 자가 격리 등의 상황이 발생하면서 전 세계 수천만 명이 어쩔 수 없이 재택근무를 하게 되었다. 코로나19가 발생하기 전까지 재택근무는 문화적, 기술적인 장벽으로 실행하기 어렵다는 인식이 강했다. 코로나19로 인해 최대한 빨리 이러한 장벽들을 돌파해야 할 필요성이 절실해짐에 따라 기업들이 적극적으로 나서서 재택근무 시스템을 만들었다. 예를 들어 사무실에서 사용하는 용품을 집으로 보내주기도 하고, 직원들의 불편 사항에 관한 의견을 수렴하는 등 효과적인 문제 해결을 위해 적극적으로 나선 것이다.

확장되고 가속화되는 기업의 언택트 문화

웹 기반 응용 프로그램 및 콘텐츠 개발을 위한 고객중심 솔루션을 제공하는 소프트웨어 회사 어도비(Adobe)와 다국적 기술 기업인 마이크로소프트는 전체 근무 시간의 약 50%를 집에서 일하고 나머지 시간은 사무실에서 일할 수 있게 했다. 또한 관리자들에게 정규직의 원격근무를 승인할 권한을 주었다. 2021년에는 언택트 근무를 조건으로 컨설턴트, 고객 성공 서비스, 수석 기술 컨설턴트와 비즈니스 프로그램 관리자 등의 채용 공고를 냈다.

그런가 하면 세계 최대의 온라인 소매업체 아마존(Amazon)은 약 9만 2,000명에 달하는 직원을 전 세계에서 모집하고 있으며,

2021년 6월에는 재택근무가 허용된 직원의 경우, 일주일 중 이틀은 자유롭게 재택근무를 해도 된다고 공표했다. 아마존이 전 세계에서 직원을 고용할 수 있는 큰 기반은 언택트 시대, 온라인 시장 활성화 덕분이다.

2014년에 설립된 메타(구 페이스북)는 26억 명 이상의 월간 활성 사용자를 보유한 세계 최대 소셜미디어 플랫폼 기업이다. 2021년 6월 메타는 직원들에게 집에서 영구적으로 일해도 좋다고 선언했고, 최근 제품 디자이너 & 기술 프로그램 관리자 등을 원격근무 포지션으로 채용하고 있다.

2000년대에 들어 서서히 각광받기 시작한 공유 오피스(Coworking Space, 업무 공간은 구분 지어 사용하되, 회의실, 미팅룸, 화장실, 휴게 공간 등은 공용으로 두어 관리비, 통신비 등 부대시설 비용을 절약할 수 있다. 세계적으로 저성장 시대가 도래하면서 도심 한가운데 대형 건물들의 공실률이 높아졌는데 이를 임대하여 여러 개의 작은 공간으로 나눠 재임대하는 시스템이다. 대표적인 기업으로 위워크(WeWork)를 들 수 있다)는 2021년 현재 우리나라 많은 기업에 정착되었다. 최근에는 직원들이 사무실, 원격 또는 본인이 거주하는 지역의 회사 공유 오피스 근무를 선택하는 방안이 확대되는 추세이다.

이처럼 언택트는 기업의 전반적인 구조와 전략을 바꾸고 있다. 우리의 상상은 날마다 업그레이드된다. 글로벌 기업들이 이제는 상상을 현실로 구현해내는 수준까지 발전했고, 이에 따라 국내 기업들도 언택트를 더 많이 활용할 가능성이 높아졌다.

많은 기업들이 원격근무 포지션을 적극적으로 채용하면서 그 나라에 가지 않더라도 누구든지 해외 취업을 할 수 있는 세상이 열렸다. 이러한 글로벌 기업들은 리크루트 업체를 통하지 않고 회사의 인사부가 직접 링크드인을 통해 채용한다. 직접 대면하지 않더라도 클릭을 통해 어느 국가와 지역이든 원하는 전문가를 찾을 수 있고 비용도 절감되기 때문이다. 구직 구인 사이트 및 개인과 기업의 비즈니스까지 연결해주는 링크드인의 역할이 전 세계적으로 훨씬 커졌고 한국인 사용자도 엄청난 속도로 증가하고 있다. 이러한 현상은 원격근무와 해외 취업에 조금이라도 관심 있는 사람이라면 누구나 알 수 있다.

원격 포지션 증가에 대처하는 우리의 자세

링크드인에서 발표한 통계 자료에 의하면 B2B 바이어나 채용자들의 92%는 링크드인 또는 온라인 플랫폼을 통해 채용 검색을 시작하고, 84%의 임원진들이 링크드인 검색을 통해 직원을 채용한다. 그리고 B2B 사업에서는 88%의 바이어들이 본인의 네트워킹 내에서 관계를 맺고 일이나 사업을 진행한다는 보고가 있으며, 일반적으로 50% 이상의 링크드인 가입자는 미완성 상태의 프로필을 보지 않는다고 한다. 링크드인을 통한 채용

링크드인 사용량 통계

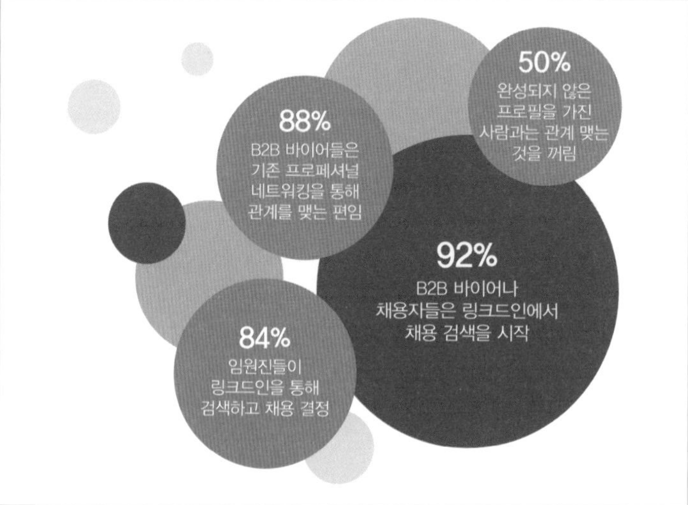

출처: https://business.linkedin.com/content/dam/business/sales-solutions/global/en_US/c/pdfs/n/linkedin-the-new-formula-for-connecting-with-b2b-buyers.pdf

사례는 북미나 유럽에만 국한되지 않는다. 우리나라를 비롯하여 싱가포르, 대만 등 많은 아시아 국가에서도 사용자가 급증하는 추세이다.

이렇게 온택트 포지션이 증가하는 트렌드에 발맞춰 나가려면 어떤 준비를 해야 할까? 사실 이 질문에 대한 답은 명확하다. 국내 취업에만 집중하지 말고 해외 취업을 공략하자. 그런데 어떤 것부터 시작해야 할지 막막할 것이다. 아직 국내에는 해외 취업에 대한 노하우가 없기 때문이다. 그렇기에 더욱 해외 취업을 공략할 수 있는 핵심 툴인 링크드인을 연구하고 본인의 상황에 맞게 적극 활용해야 한다. 링크드인을 통해 해외 취업의 길이 열릴 가능성이 크다는 것을 꼭 기억하자.

상위 1% 인재들은 이미 링크드인에서 커리어를 위한 네트워크와 레퍼런스를 통해 해외 취업을 어떻게 해야 할지 이미 알고 있다. 우리는 '해외 취업은 스펙이 뛰어난 사람만 하는 것'이라는 잘못된 통념을 가지고 있다. 하지만 해외 취업은 오르지 못할 나무가 아니다. 국내에서 중요하게 여겨지는 그 학벌이 다른 나라에서는 큰 의미가 없다. 해외 취업은 학벌로만 이루어지는 것이 아니며, 방법을 알고 도전하는 사람들에게는 그 길이 더 빨리 보인다. 가만히 있으면 절대 아무 일도 일어나지 않는다. 일단 시도하자. 적극적으로 움직이고 도전해야 그 첫 단계에 오를 수 있다.

K-팝과 한류로 인한 한국인 채용 증가

한국인 해외 취업 '지금이 기회다'

코로나19와 함께 경기 불황의 여파로 국내 채용시장이 얼어붙었다. 우리의 일상을 넘어 채용시장의 판도에까지 막대한 영향을 미치면서 해외 취업으로 눈을 돌리는 구직자들이 많아졌다. 현실적으로도 해외 취업에 눈을 돌릴 필요가 있는 시점이다. 하지만 국내 기업에 비해 해외 기업에 대한 정보가 절대적으로 부족하기 때문에 취준생들이 실제로 입사하기가 쉽지 않다. 불충분한 정보로 도전하기가 쉽지는 않지만 시간 여유를 두고 차근히 체계적으로 준비한다면 충분히 국내 취업 현실을 해결할 수 있는 대안이 될 것이다.

지금까지 세상은 지속적으로 변해왔고, 코로나19 이후 이전에 비해 변화의 속도가 몇 배 더 빠르다. 채용의 판이 완전히 뒤집힌 상황에서 우리는 방법을 찾아야 한다. 코로나19의 여파에도 불구하고 한국인 20~30대 10명 중 8명 이상이 해외 취업을 선호하고 있다. 이와 함께 절묘하게도 K-팝의 영향으로 아시아에만 국한되어 있던 한국의 인지도가 세계로 확장되었다. 또한 글로벌 시장에서 한국 경제의 위상과 국격이 높아지면서 한국의 인재를 찾는 해외 기업이 급격히 늘고 있는 상황이다.

예를 들면 캐나다의 토론토 블루제이스(Blue Jays)라는 메이저리그 야구팀에 류현진 선수가 영입되면서 한국인 스태프 포지션이 채용이 오픈되었다. BTS 또한 전 세계적인 팬덤을 보유하고 세계 곳곳을 누비며 부가가치를 창출한다. BTS의 유튜브 라이브 콘서트와 유엔(UN) 공연 등 한류 열풍은 한국 인력의 장점을 부각하는 기폭제 역할을 하고 있다.

한국을 대표하는 이들의 활동은 한국인 채용 포지션이 증가하는 데 기여한 것이다. 산업인력공단 유재섭 이사장은 '세계시장에서 한국 경제의 위상과 국격이 높아지면서 한국의 인재를 찾는 해외 기업이 늘고 있다'고 언급했다. 한국의 인재를 찾는 기업이 증가하는 시점에서 우리가 해외 취업을 위해 준비하고 집중해야 할 부분은 크게 2가지다.

정보와 인맥 관리에 집중하자

정보 수집력과 활용 능력이 곧 힘이 되는 세상이다. 외국계 기업 또는 해외 현지 기업에 입사하기 위해서는 '정보'와 '인맥' 관리가 필수이다. 외국계 기업들은 대부분 사내 직원들의 사외 추천을 먼저 받고 수시 채용으로 진행하기 때문에 구직자들이 채용 정보를 접하기 어려운 경우가 많다. 대부분의 외국계 기업들은 불시에 수시 채용 공고를 올리기 때문에 링크드인에서 타깃으로 하는 회사와 포지션의 공고를 수시로 확인하는 것이 중요하다.

구직자들은 포털사이트에 올라오는 헤드헌터 채용 공고까지 유심히 살펴보는 것이 좋다. 또한 기업에서 채용 공고 외에도 취업 포털사이트에 공고를 올리는 경우도 있다. 취업을 위해 채용 트렌드나 정보를 아는 것도 좋지만 취업 이후에도 해외 채용시장의 흐름에 지속적으로 관심을 가진다면 새로운 기회를 잡아 커리어로 연결할 수 있다.

실력과 능력, 실무 경험은 필수

해외 취업은 실력과 능력, 실무 경험이 핵심이다. 구직자들은 흔히 해외 취업을 할 때 영어가 가장 중요하지 않을까 생각한다. 하지만 사실 외국계 기업들은 기본적으로 정확히 커뮤니케이션

할 수 있는 능력만 있다면 우리가 많이 신경 쓰는 영어 발음이나 속도 등은 전혀 문제 삼지 않는다. 사실 외국 기업들은 '업무 경험(Work Experience)'을 가장 중요시하고 학력보다 본인이 가지고 있는 실력과 능력에 더 중점을 둔다. 외국계 기업도 우리나라와 마찬가지로 실질적인 직무 관련 경험을 중요하게 생각하므로 직무와 긴밀한 관련이 있는 경험을 쌓고자 노력한 흔적을 보여주는 것이 매우 중요하다.

그렇기에 대학교 때부터 직무를 바로 수행할 수 있는 실용적인 자격증 또는 코스를 링크드인 러닝(LinkedIn Learning), 코울세라(Coursera), 유데미(Udemy)와 같은 교육 플랫폼에서 이수하면 좋다. 추가로 외국계 기업에서 인턴 경험이나 파트타임 경험을 쌓으면 졸업 전에 공식적인 회사에서의 커리어가 없더라도 준비된 구직자라는 것을 확실히 인식시켜줄 수 있는 플러스 요인이 된다.

내 장애물이 어디 있는지 파악하라

해외 취업을 허들 경기라고 생각해 보자. 장애물이 어디에 있는지 얼마나 멀리 있는지 미리 알고 준비하는 선수와 그렇지 않은 선수의 기량은 실제 경기에서 확연히 차이가 난다. 미리 자신의 위치를 파악하여 전략적, 계획적으로 준비한다면 기회를 잡을 수 있다. 침과대단(枕戈待旦)이라고 했던가? 전투 태세를 철저히 갖춘 군인의 자세를 말하는데, 중국 진나라 장수 유곤이 매일 창을 베개 삼아 자고 아침을 기다리면서 적을 물리칠 준비를 했다는 데서 유래했다.

우리는 빠르게 변화하는 시대에 살고 있고, 하루빨리 그 곡선에 타지 않으면 점점 더 그 차이가 벌어져서 나중에는 격차를 좁히기가 대단히 어려워진다. 아무런 준비하지 않고 있다가 일이 닥쳤을 때 서둘러봐야 소용없다. 지금부터 약간의 긴장감을 가지고 전략적이고 체계적으로 준비하여 단계별로 원하는 목표를 달성한다면 처음에 가지고 있던 두려움도 점점 사라지고 더 큰 자신감을 얻게 될 것이다.

살아 있는 이력서이자 퍼스널 브랜딩 도구

'자기 PR 시대'에서 '퍼스널 브랜딩' 시대로

퍼스널 브랜딩(Personal Branding)은 자기 자신을 하나의 '브랜드'로 만드는 것, 즉 자기 자신을 스스로 홍보하고 알리는 것을 말한다. 평생직장 개념이 사라지고 개인의 능력에 따라 사회에서의 역할이 달라지는 세상에서, 특정 분야의 취업을 고려하고 있다면 다른 이들과 차별화되는 나만의 강점을 살리고, 인정받을 수 있는 '퍼스널 브랜딩'은 무엇보다 중요한 요소이다.

내가 캐나다에서 3년 안에 학교를 졸업하고 취업할 수 있었던 데는 우선 늘 외국인으로서 언어에 대한 부족함을 느꼈고, 한국에 있을 때부터 제약 회사 영업사원으로, 또 한 단계 업그레이드해서 마케터의 길을 치열하게 걸어왔던 나의 실천적 의지가 가장 큰 부분을 차지한다. 이왕 무언가를 해내고자 캐나다에 왔으니 마음도, 상황도 게을러질 수가 없었다. 그렇게 배우는 과정에서 이 모든 것을 나만의 경쟁력으로 만들어낼 수 있다는 자신감이 생겼고, 계속해서 나 자신을 브랜딩해서 목표에 도달하겠다는 승부욕도 생겼다. 타지에 있는 것이 어쩌면 나의 경쟁력을 더 높여주었다고도 할 수 있다.

이미 한국에서 학사과정을 경험한 바 있으므로 이제는 망설일 이유가 전혀 없었다. 최대한 짧은 시간 안에 졸업해야겠다고 마음먹었기에, 수업이든 과제이든 최상의 결과를 이끌어내기 위해 부단히 애썼다. 교수님들과도 치열하게 대화하고 학교를 졸업하기 전에 필요한 자격이나 과정들은 최대한 마무리했다. 열심히 최선을 다한 대가는 교수님들과 학생들의 격려 그리고 기업의 인턴십으로 돌아왔다. 한국은 공채로 인턴 채용을 하는 것과 달리 캐나다는 인턴이든 정규직이든 수시로 채용하는 경우가 대부분인데, 그 과정에서 학생들은 교수의 소개가 큰 장점으로 작용할 수밖에 없다. 수업의 연장선상에서 교수의 추천으로 참여한 컨퍼런스에서 결과가 좋으니 자연스럽게 교수들의 기업 추천도 이어졌다. 비록 언어는 조금 부족해도 기업의 비즈니스에는 크게 문제되지 않는다는 것도 나를 추천한 이유였다.

외국에서는 언어에 대한 부족함이 언제나 나를 힘들게 했지만, 어려움을 극복하기 위해 나만의 장점을 부각해 '김민경'이라는 사람을 어필하고, 치열한 경쟁에서 살아남을 나만의 스토리, 나만의 브랜드를 만들 공간으로 링크드인을 꾸준히 활용해왔다.

퍼스널 브랜딩이 필요한 이유

퍼스널 브랜딩이 왜 취업에서도 필요하고 중요할까? 취업하기 위해 면접을 보거나 드라마에 캐스팅되기 위해 오디션을 보는 것과 같은 과정이라고 생각한다. 감독(면접관)이 앞으로 만들 드라마(포지션)에 가장 적합한 주연을 뽑는 것이다.

당신이 면접관이라고 상상해보라. 수많은 지원자 중에 과연 누구를 채용할 것인가? 요즘에는 흔히 잡디(Job Description, 직업 또는 포지션에 대한 상세 설명)라고 하는데, 당연히 그 포지션에 가장 잘 들어맞는 최상의 요건을 종합적으로 갖춘 사람을 채용할 것이다.

따라서 자신을 브랜딩하는 것은 인생에서 가장 큰 무기가 된다. 내가 무엇을 가지고 있느냐도 중요하지만 그것을 잘 알릴 수 있어야 한다. 말하자면 나를 가장 잘 알고 설명할 수 있어야 한다는 것이다. 잡디를 위해 가장 필요한 것이 퍼스널 브랜딩이다. 기본적으로 다른 사람은 당신에게 큰 관심이 없고 당신을 브랜딩해주지도 않겠지만 해줄 수도 없다. 우선 당신의 관심 분야와 업무에 관련된 이야기를 정리해둘 공간이 필요하다. 정기적으로 포스팅하고 업데이트를 해나가면서 당신이 어떤 사람이고, 어떤 일을 하는 사람인지 알려야 한다. 이렇게 활용할 수 있는 공간으로 링크드인이 가장 적합하다.

백지였던 나의 링크드인 공간에 원하는 모습을 그려가듯 하나하나 채워가 보자. 희망하는 직종을 선택한 후 롤 모델들을 찾아내 자세히 살펴보면 내가 갖추어야 할 방향이 보이기 시작할 것이다. 그 내용들을 나에게 맞도록 정리하고 장단기 계획을 세워본다. 실제로 하나씩 갖추다 보면, 어느새 원하는 자리를 향해 이미 한 걸음 내딛고 있음을 알게 된다. 그런 한 걸음 한 걸음을 모아 내가 가고자 하는 방향으로 다가가는 것이야말로 링크드인 안에서 셀프 브랜딩을 잘할 수 있는 방법이다. 시작도 하기 전에 '나는 아무런 자격이 없네' 하고 낙담하지 않는다. 다른 사람들도 아무것도 없을 때부터 시작했다. 지금 시작해도 결코 늦지 않다는 사실을 기억하자. '시작이 반'이라는 말이 괜히 있는 것이 아니다.

퍼스널 브랜딩의 가장 적합한 도구 링크드인

퍼스널 브랜딩에 도움이 되는 가장 큰 무기는 무엇일까? 나는 링크드인이라고 생각한다. 2020년 나는 캐나다에서 준석사 과정을 졸업하기 전에 학교를 다니면서 링크드인을 먼저 업데이트했고 취업을 준비하면서 나라는 사람을 어떻게 브랜딩할 것인가에 대한 계획을 세우고 전략을 짜기 시작했다.

링크드인은 전 세계 가입자가 약 8억 명이 넘는 방대한 규모의 전문직 소셜네트워크(Professional Social Network)이다. 주로 개인과 일상의 관심사로 소통하는 인스타그램이나 페이스북 같은 플랫폼과는 달리 링크드인은 전문적인 경력과 관심 분야에 대해 의견을 나눔으로써 새로운 구직의 장이 되고 있다.

또 회사나 헤드헌터들에게는 인재를 찾을 수 있는 최상의 소셜네트워크 플랫폼이다. 링크드인 프로필이 내 얼굴이자 이력서라는 인식이 있기 때문에 나를 가장 잘 나타낼 수 있는 사진과 배너, 헤드라인을 잘 정리해서 올려두었다. 누가 봐도 채용하고

약 8억 명이 넘는 링크드인의 회원 수

* 2022년 4월 기준 그래프, 분기별로 회원수가 업데이트된다.

출처: blog.hootsuite.com/linkedin-statistics-business

싶을 정도로 매력적인 프로필을 디자인해야 한다.

아직 시작하지 못했다면 먼저 내가 일하고 싶은 분야의 비슷한 포지션에 있는 사람들 3~5명을 선택해 롤 모델로 삼자. 그들이 가진 장점을 비교 분석하고 본인의 히스토리, 강점, 키워드 등에 적용해볼 수 있는 포인트를 찾아서 먼저 노트에 정리해본다. 이것이 취업시장에서 나를 브랜딩하는 첫걸음이다.

유일한 온라인 글로벌 프로페셔널 네트워크 장소

외국의 채용 시스템은 수시 채용

해외, 특히 북미의 채용 시스템은 링크드인을 비롯하여 여러 채용 플랫폼에 공식적인 채용 공고를 내는 것이다. 하지만 외부 지원자보다 내부 직원들의 추천을 받아 수시 채용을 하는 데 중점을 두고 있다. 때로는 외부 공고를 내기 전에 내부 직원의 추천을 받아 먼저 면접을 진행하기도 한다. 회사가 필요할 때마다 상황에 맞게 채용하는 것이다.

수시 채용의 특징은 채용 공고가 부정기로 뜬다는 점과 채용 인원이 적고 해당 직무에 대한 준비와 경력이 확실한 지원자가 채용될 확률이 더 높다는 것이다. 수시 채용의 또 다른 특징은 내부 직원의 추천(Reference)이다. 채용 공고를 잡포스팅 사이트에 올리기 전에 내부 추천 과정을 먼저 거치므로 채용 공고를 올리지 않을 수도 있다.

채용 공고가 올라오더라도 내부 추천을 받은 지원자가 다른 지원자보다 우선순위에 서게 된다. 캐나다는 수시 채용, 그중에서도 내부 추천을 통한 채용이 매우 일반적이다. 그렇기 때문에 대학생과 취업 준비생, 이직 희망자들은 학교나 소셜 커뮤니티를 통해 네트워크를 넓히고, 만나는 사람들에게 꾸준히 자신과 본인의 경험 또는 커리어를 어필하면 좋다. 이럴 때 네트워크를 '확장'하고 모르는 사람들에게 자신을 '어필'하기 위한 목적으로 링크드인을 사용해야 한다.

직무에 맞는 역량은 필수

"인맥도 실력이 있어야 만들어진다"는 말을 한 번쯤 들어봤을 것이다. 여기서 말하는 실력은 학력이 아니라 어떤 직무나 프로젝트가 주어졌을 때 서슴없이 바로 아이디어를 내고 진행할 수 있는 실질적이고 실용적인 기술들을 말한다.

인맥이 중요한 것은 두말할 필요 없지만 아무리 그 회사에서 영향력 있는 인맥이라 할지라도 그 직무를 해낼 실력과 역량이 갖춰지지 않으면 채용되기 힘들다. 특히 해외 취업을 준비하는 경우 현지인들 또는 현지 유학생들과 보이지 않는 경쟁을 해야 하므로 인맥 이전에 본인의 실력을 다져놓는 것이 더 중요하다.

실력 또는 스킬이라는 것은 크게 단기적으로 취득할 수 있는 것과 장기적으로 쌓아야 하는 것으로 나뉜다. 본인이 원하는 스킬과 역량이 있다면 현재 그 업계 또는 지원하고 싶은 회사에서 내가 희망하는 포지션에 근무하는 사람들의 링크드인 프로필을 반드시 확인하자. 특히 프로필의 경험(Experience)과 자격증(Certificate) 항목을 자세히 들여다보면, 그들이 어떤 스킬과 역량을 가지고 어떤 프로젝트 또는 일을 하고 있는지 등의 중요한 정보를 얻을 수 있다. 본인의 상황에 맞게 필요한 부분들을 적어두고 검색해보면 관련된 역량을 쌓을 수 있는 방법과 기간 등이 나올 것이다.

일단 검색하고 어떤 장단기 과정으로 내 역량을 쌓을지 결정한다. 계획을 일주일, 한 달, 분기, 회계연도별로 세우고 반드시 어느 기간 내에 끝내는 것을 목표로 한다. 그러고 나서 매 과정이 끝날 때마다 프로필에 업데이트하고 많은 기업들과 1촌들이 볼 수 있도록 결과물을 포스팅해서 적극적으로 알린다. 화살의 시위를 당기는 것과 같이 나의 모든 것을 링크드인에 포스팅하면서 지속적으로 나를 어필해야 한다. 그 과정을 통해 어떤 부분들을 배울 수 있었는지, 그 역량을 회사에서 어떻게 활용할 수 있는지 등을 말이다.

어떤 사람을 공략할 것인가?

해외 취업을 하고 싶어도 어떤 회사와 어떤 사람을 타깃팅해야 할지 모르겠다고 하는 분들이 많다. 10년 전에 우리가 사용하던 싸이월드나 아이러브스쿨을 통해 지인 찾기를 해봤다면 지금 한국에 그만큼 지인 찾기에 좋은 툴이 없음을 안다. 하지만 그 플랫폼들은 전문적인 분야에서 일하는 지인들을 검색하기가 쉽지 않다.

링크드인 프로필에서 찾고자 하는 포지션을 명확히 기입하고 관심 회사들까지 팔로우해서 알람 설정을 해두었다면 자동적으로 내가 원하는 포지션의 채용 건에 관한 공지가 뜬다. 그뿐 아니라 그 포지션의 상세 설명, 어디서 어떻게 지원해야 하는지, 지인들 중 어떤 사람들이 그 채용 건 또는 회사와 관련되어 있는지까지 보여준다. 비즈니스와 관련해서 가장 빠르게 네트워킹할 수 있는 툴이라고 감히 말할 수 있다.

이런 유용한 플랫폼의 활용 여부는 개인의 선택이지만 원하는 목표를 가장 빠르고 효과적으로 달성할 수 있도록 도와준다면 사용하지 않을 이유가 없다. 해외 취업이 목표라면 망설임 없이 지금 바로 링크드인을 시작하자.

Linkedin

2장

막막한 해외 취업과 너무나 모르는 링크드인

출신 학교와 영어에 대한 두려움을 던져버려라

영어, 닥치면 누구나 한다

대학생 시절 학교에서 테마 탐방 프로젝트팀을 선발했다. 총 10팀을 선발해서 한 팀당 1,000만 원의 지원금이 주어졌다. 주제를 정하고 가고자 하는 나라에서 주제와 관련 있는 기관, 단체, 팀들과 미팅을 통해 얻은 자료들을 토대로 영어 프레젠테이션을 진행하는 것까지 프로젝트의 일환이었다.

내 기억으로는 프로젝트팀 선발 대회에는 총 50여 팀이 지원했다. 각 주제, 목표, 전략, 전체적인 일정에 맞는 구체적인 계획 등을 영어로 발표해야 했다. 영어가 필수였기에 주제를 정하고 함께하고 싶은 4명 이상의 팀원들을 모집하는 공고를 학교 학생 구인 게시판에 내면서 영어 실력도 중요시한다고 표기했다. 영어를 잘한다고 하는 팀원들을 선발했지만 생각 외로 발표까지 하기에는 실력이 많이 부족했고 팀장인 나 역시 마찬가지였다.

팀으로 모인 우리는 모두 공인 성적만으로는 우리의 생각을 표현하는 데 한계가 있음을 뼈저리게 느꼈다. 제대로 된 영어로 프레젠테이션하고 현지에서 커뮤니케이션하려면 이대로는 안 되겠다는 결론에 이르렀다. 선발 대회를 위한 발표 시간까지 다른 무엇보다 영어 실력을 키우는 것이 우선 과제였다.

사실 테마 탐방팀에 뽑히기 위한 지원 자격 요건의 최소 커트라인이었던 토익 500~600점을 간신히 넘은 팀원 4명의 영어 실력, 특히 스피킹 실력은 간단한 인사 정도였다. 영어 작문 실력도 탐탁지 않아서 한국어로 스크립트를 작성하고, 구글 번역기를 사용해 이상한 부분을 수정한 후 몇 날 며칠을 달달 외워서 발표했다. 발표 당시 머릿속이 하얘져서 아무 생각이 나지 않았는데, 입에 단내가 날 정도로 외운 덕에 그래도 자신감 있게 전달할 수 있었던 것 같다. 영어 프레젠테이션 주제는 양성 평등(Gender Equality)이었고, 피땀과 눈물의 결과로 최종 10팀 안에 선발되어 북유럽 티켓을 손에 쥘 수 있었다. 테마 탐방 2주간의 일정 동안 북유럽 3개 국가의 여러 양성평등센터와 미팅을 성공적으로 마무리하고 한국으로 돌아와 마지막 결과 보고 프레젠테이션까지 영어로 완료했다.

이 일을 계기로 나는 영어에 대한 두려움을 극복하고 싶은 욕심이 더 생겼다. 영어를 모르기 때문에 굳이 느끼지 않아도 될 두려움을 스스로에게 주고 있다는 생각에 억울한 마음이 들었고, 또 언어의 자유를 마음껏 누리며 살고 싶었다. 그 자유로움이 이끄는 대로 무한한 미래의 기회를 잡고 싶은 마음도 커졌다. 그런 이유들로 나는 정말 열심히 돈을 모아서 캐나다로 몇 개월간 어학연수를 다녀왔다. 돌아보면 뭐든 스스로 하려고 했던, 투철한 도전 정신을 장착하고 열정이 넘치던 대학생 때의 내 모습이 지금의 나를 있게 한 것이라는 생각이 들기도 한다. 더 넓고 깊게 세상을 바라볼 수 있게 되었고 그에 걸맞은 사람이 되고 싶은 열망도 생겼기 때문이다.

해외에서는 한국의 출신 학교가 큰 의미 없다?

내가 단기 어학연수 중 가장 크게 느낀 점은 해외에서는 한국의 출신 학교에 큰 의미를 부여하지 않는다는 사실이었다. 이는 해외 취업시장에서도 마찬가지였다.

단기 어학연수로 원어민처럼 말할 수는 없었지만 영어에 대한 자신감을 조금은 가질 수 있는 계기가 되었고, 외국계 제약회사에 입사하는 데 도움이 되었다. 국내에서 영어 공부를 해도 마찬가지였을 거라고 생각한다. 그러나 회사에서 영업직을 8년 정도 하면서 영어와 다시 자연스럽게 멀어졌다. 외국계 회사이기는 하지만 내가 실제로 하는 영업이 영어를 사용해야 하는 업무와 거리가 있었다. 그래서 이대로 계속 영업만 하는 것이 나에게 어떤 의미가 있을지 고민하게 되었다.

외향적이며 사람들과의 친밀함을 무기로 삼을 자신도 있었던 나에게 영업은 잘 맞는 옷을 입은 느낌이었다. 하지만 결혼하고 아이가 생긴 후에도 매일 아침 일찍 일어나 늦은 밤까지 야근하는 반복된 생활로 피로가 쌓였다. 몸이 힘든 만큼 마음도 계속 힘들었다. 영업이 싫지는 않았지만, 일정한 영역의 사람들만 만나는 것이 직업상의 한계로 다가왔다. 더 다양한 분야의 사람들을 만나고 싶었고, 색다른 경험을 통해 내 능력의 폭을 넓혀가고 싶은 마음도 생겼다. 앞으로의 커리어 방향에 대해서도 다시 한번 고민하는 시간이 다가온 것이다.

그러다 마케터가 되면 다른 나라 사람들과 영어로 소통할 수 있는 기회가 많을 것이라는 얘기를 들었다. 고민을 거듭한 끝에 서너 번의 치열한 내부 경쟁 테스트를 거쳐 영업부서에서 마케팅 부서로 이동할 수 있는 기회를 얻었다.

본격적인 마케팅 공부가 필요했다

사실 마케터로 경력을 새로 시작하기에는 늦은 편이었다. 그리고 대학 때 전공으로 공부했던 세무학은 마케팅과 조금 거리가 있었다. 또한 마케팅을 잘 모르던 나로서는 마케팅 관련 용어를 사용하여 전략을 세우거나 미팅을 할 때마다 나의 부족한 모습을 발견하고는 스스로 주눅 들어 자신감을 잃어갔다. 계속 스스로에게 실망하다 보니 급격히 무기력해졌다.

변화가 필요한 시점에서 마케팅 업무는 새로운 즐거움으로 다가왔고, 욕심이 생긴 분야를 결코 놓치고 싶지 않았다. 이 기회에 아예 마케팅 관련 공부를 더 해보기로 작정하고 곧바로 알아보기 시작했다. 영어를 사용하는 나라 중 캐나다를 목적지로 정하고, 관련 경력을 만들어보기로 마음먹었다.

막상 결정하고나니 진행하는 과정에서 큰 어려움은 없었다. 남편은 평소에도 나를 전적으로 믿고 지지해주며 격려를 아끼지 않았는데, 이번에도 마찬가지였다. 각자의 자리에서 최선을 다할 수 있을 때 서로를 응원하자고 이야기했다. 또 아이에게도 현지에서 외국어를 배우고 한국보다 좀 더 자유로운 환경을 경험할 기회를 줄 수 있다고 생각했다.

두려움은 극복했지만 영어 실력은…

앞서 말했듯이 캐나다는 공채가 거의 없고, 이미 채용 공지가 났더라도 주로 내부 직원의 추천을 먼저 검토하는 경우가 많다. 실력이 갖춰지더라도 고려해야 하는 상황이 한두 가지가 아닌 것이다. 한국에서도 채용을 진행할 때 특별히 고려하는 사항들이 있듯이, 캐나다도 인재를 채용할 때 주의 깊게 살피는 점들이 몇 가지 있다. 그중 크게 작용하는 것이 어쩌면 인맥인지도 모르겠다는 생각을 했다.

우선 마흔 가까운 나이에 다시 마케팅 공부를 하고자 목적지를 캐나다의 경제도시 토론토로 정한 이유가 크게 2가지 있었다. 첫 번째 대학 시절 어학연수를 했던 곳이라 어느 정도 익숙하기도 했고, 두 번째는 그 당시에 만나서 지금까지 좋은 관계를 유지하고 있는 지인들이 여전히 그곳에 살고 있었기 때문이다.

그렇게 캐나다로 오게 되었다. 처음 본 영어 시험 성적은 소위 말하는 반타작으로 입 밖에 낼 수 없을 정도였다. 외국계 기업에서 마케터를 했다는 사람이 그 정도밖에 못한다는 사실이 너무 부끄러웠다. 학교에서 마케팅 관련 전공을 시작하면서 처음 몇 달간은 입을 열지도 못했다.

오래전부터 영어 공부를 했지만 사실상 거의 10년이 넘는 시간 동안 영어에서 손을 놓고 있었고, 다시 찾아온 두려움에 입을 제대로 떼기가 여간 어려운 게 아니었다. 무엇보다 함께 공부하는 학생들의 나이가 거의 20대 초중반이었다. 나는 이미 30대 후반으로 40을 바라보는 나이에 그들처럼 잘해나갈 수 있을지, 아니 그들 속에서 버텨낼 수 있을지에 대한 두려움이 밀려와 잠시 아무것도 하지 못하고 있는 상태였다.

'괜히 왔나?' 하는 후회와 자책이 몰려왔다. 그렇지만 이런 후회는 나와 어울리지 않았다. 일단 시작했으니, 이 과정을 맹렬히 뚫고 지나가 봐야 속 시원해지는, 그게 바로 나였다.

질문 3개는 꼭 하자고 결심하다

혼자 주눅 들어 지내기를 며칠, 그러다 우연히 지금 내가 이러려고 캐나다로 온 것인가, 포기하려고 그 고생을 하면서 버텨왔나 하는 생각이 들었다.

'그래, 수업 시간에 딱 3개만 질문해 보자.'

나는 실천 가능한, 아주 소박하지만 원대한 계획을 세웠다. 갑자기 모든 일들을 계획해서 실천할 자신은 없고, 아이와 함께여서 혼자만의 계획표를 짜는 것은 더욱 무리였다. 그래서 학과 수업 시간에 최소한 질문 3개는 꼭 해보자고 결심했다. 비록 내 영어가 많이 부족할지라도 일단 정확히 전달하기만 하면 되지 않을까 하는 생각이 들었다. 그렇게 사소한 질문 3개로 시작하자 날이 갈수록 점점 더 구체적인 질문들을 할 수 있게 되었다. 교수님의 질문에 역으로 내가 답변하는 과정이 반복되자 영어에 대한 자신감이 붙기 시작했다. 필요할 때 내 입으로 '영어'를 뱉어낼 수 있는 용기가 생겼다. 그리고 주저하며 대화를 제대로 마무리 짓지 못할 것 같았던 두려움들도 어느새 사라졌다.

학교 공부가 마무리되고 나의 노력들이 빛을 발하기 시작하면서 교수님들이 이곳저곳에 추천해줄 수 있는 정도가 되었다. 그 과정에서 교수님들 그리고 친구가 된 학생들과 커리어상으로 어떻게 서로를 도울 수 있을지가 관건이었는데, 그때 링크드인의 도움을 많이 받았다. 앞으로 이야기할 링크드인에 대한 설명은 내가 직접 사용해보고 터득한 매뉴얼이다. 실제로 링크드인의 도움을 받았고 지금도 받고 있기 때문에 많은 사람들에게 전하고 싶다.

모국어가 아닌 다른 언어를 배우고 익히는 과정에서 잘하는 것보다 더 중요한 것은 필요할 때 입 밖으로 뱉어낼 수 있는 용기다. 할 수 없을 것만 같은 두려움을 없애야 한다. 말을 배우고 익히는 과정에서 성격도 드러나고 실력 차이도 있겠지만, 결국 매일 조금씩 꾸준히 노력하는 사람을 따라갈 수는 없다.

해외 취업을 위해 반드시 준비해야 할 것들

동경에서 시작되는 해외 취업

누구나 한 번쯤 해외에 나가서 일해보면 어떨까 생각해본 적 있을 것이다. 항공사 승무원이나 파일 들이 세계 곳곳을 누비는 것을 보면 나도 해보고 싶은 유혹에 빠지기도 한다. 어느 성공한 여행가의 책이나 유튜브 영상 속에서 여러 나라를 누비고 다니는 모습을 보며 나도 그렇게 할 수 있지 않을까 상상해본다.

사실 해외 취업의 시작은 대부분 이렇게 시작된다고 해도 과언이 아니다. 왜 해외 취업을 준비하게 되었느냐고 사람들에게 물어보면, 여러 나라를 돌아다니는 사람들의 모습을 보고 나도 해보고 싶다는 꿈을 꾸게 되었다고 답하는 경우가 많다. 실제로 해외 취업에 성공한 사람들의 대답도 비슷하다. 도전하기 위해 준비하다 보면, 자신이 가지고 있는 강점들로 충분히 해외 취업이 가능할 것 같다는 생각을 하게 된다. 그런데 어느 순간 갑자기 나의 영어 실력이 많이 부족한 것은 아닌가 되돌아보게 된다. 그러면서 다시 내가 잘해낼 수 있을까 하는 생각으로 자신감이 급하강하기도 한다.

사실 영어를 어느 정도로 해야 해외 취업에 성공할 수 있을지는 아무도 모른다. 현지인처럼 잘할 필요는 없지만 어느 정도 의사소통이 가능해야 취업할 수 있는지는 스스로 면접을 준비하면서 가늠해볼 수 있다. 어느 정도 이상의 의사소통이 가능한 실력자라면 원하는 직업군에서 영어로 면접 혹은 프레젠테이션을 충분히 해낼 수 있다. 이를 위해서는 반드시 꿈을 이루겠다는 마음가짐과 그것을 뒷받침해줄 끊임없는 노력이 꼭 필요하다. 긍정적인 마음, 희망에 부푼 꿈만으로는 무언가를 명확히 이루어내기에 역부족이다. 그 노력의 과정으로 여러 가지를 생각해볼 수 있겠지만 해외 취업을 위해 꼭 필요한 단계로 다음 4가지를 제안한다.

도전 정신을 장착하라

도전 정신은 무엇을 하든지 가장 필요한 기본 태도이다. 내 인생에서 무엇을 성취하기 위해서는 일단 움직이고 도전해야 한다. 그 과정이 없다면 아무 일도 일어나지 않는다. 오히려 세상을 살면서 가만히 머무르는 것은 후퇴하는 것과 같다.

일본은 J-컬처(J-Culture) 혹은 재패니메이션이라고 불릴 만큼 만화로 전 세계에 그 위엄을 떨쳤다. 한국의 만화는 경제와 마찬가지로 일본에 비해 늘 20~30년 뒤처져 있다고 평가받았다. 그런데 최근 5~10년 사이 그 판도가 크게 변했다. 그것은 한국이 인터넷 강국으로 불리기 시작한 시기와 맞물린다. 일본은 여전히 아날로그를 고집하며 만화를 책으로 계속 찍어내는 동안, 한국은 만화의 디지털화를 앞당겨 짧은 시간 동안 전 세계로 뻗어나갈 시스템을 구축했다. 게다가 K-드라마가 전 세계적으로 인기를 얻는 중에 웹툰을 드라마로 만들기 시작하면서 급물살을 탔다.

IT 분야를 선도하는 FAANG(페이스북, 애플, 아마존, 넷플릭스, 구글의 머리글자를 따서 부르는 이름) 역시 수많은 실패를 밑거름 삼아 도전에 도전을 거듭하여 지금의 자리에 우뚝 섰음을 우리는 알고 있다. 도전정신, 그것 말고는 이 모든 성과에 다른 이름을 붙이기 어렵다. 이 모든 도전들로 지금의 세상이 만들어졌다.

그 세상에서 살아가고 있는 나에게 시선을 돌려보자. 꿈과 희망을 현실로 이루어내는 것은 당연히 나 자신에게 달려 있다. 취업을 하든 이직을 하든 현재 상황에 머무르지 않고 더 나은 미래를 꿈꾸고 있다면 적극적으로 도전해야 한다. 도전하지 않고 변화를 꿈꾸지 않으면 현실에서 이룰 수 있는 것은 아무것도 없다. 내 미래의 삶에는 더 이상 어떤 유의미한 결과가 없다는 말이다.

움직이지 않고서도 무언가를 얻을 수 있다는 믿음은 큰 착각이다. 생각과 상상만으로는 어떤 것도 절대 이루어질 수 없다. 그만큼 도전 정신과 열정을 지니는 것이 중요하다.

마음먹었으면 행동하라

도전 정신을 장착했다면 이제 움직일 차례다. 움직일 때도 순서가 있다. 무엇을 먼저 시작하고 챙겨야 할지 떠오르지 않는다면 관심 있는 분야부터 일단 시작해보자. 그렇게 시작하고 나면 그 분야에서 요구하는 조건이 무엇인지, 어떤 방향으로 진출할 수 있을지 감이 올 것이다. 관심 분야를 찾았다면 우선 그 직군의 롤 모델을 여러 명 찾아보기를 권한다. 그 과정에서 여러 플랫폼과 사이트를 참조하면 좋다. 한국에서 사람인, 잡코리아 등은 채용 중인 회사와 직무 정보를 볼 수는 있지만 롤 모델이나 그 분야에서 근무하고 있는 사람을 찾기는 어렵다.

보통 여러 지인들에게 알고 싶은 것들을 물어볼 수는 있다. 최근에는 커리어 관련 문의나 대화가 가능한 커피챗과 같은 앱들이 나와 이전보다 조금 나아졌다고 하지만 여전히 한계가 있다. 링크드인은 채용 관련 정보 사이트나 앱들 중 가장 쉽고 유용하게 내가 원하는 사람과 커뮤니케이션이 가능한 사이트라고 장담한다. 회사 정보와 관련 업무를 하고 있는 담당자의 정보, 내 지인 또는 내가 졸업한 학교 관련 커뮤니티 1촌 등, 현재 어떤 사람이 근무하고 있는지까지 구체적으로 나와 있어 유용한 자료가 된다. 더불어 현재 채용 정보와 관련 기술, 직무에 필요한 조건들이 상세히 나와 있기 때문에 구체적으로 필요한 정보까지 찾아볼 수 있다.

도전 정신을 갖추고 관심 분야를 찾았다면 이제 어떤 자격을 갖추어야 하는지를 알아볼 차례다. 나의 관심 분야는 영업이었고 마케터로서 성장하고 싶어서 캐나다로 왔는데, 짧은 시간 내에 공부를 마무리하고 취업해야겠다는 압박이 심했다. 어찌 보면 도전 정신만 지닌 채 아무런 준비 없이 훌쩍 캐나다로 넘어온 셈이었다. 캐나다 유학 초반에는 영어로 인한 스트레스도 심해 포기하고 싶었지만, 다시 마음을 잡고 차분히 무엇을 준비해야 할지를 조사하고 정리해나갔다. 행동 순서는 해야 할 일(To Do List)과 필요한 자격 목록(Certificate List)을 만드는 것이었다. 나는 언어가 가장 시급했기에 해야 할 일 목록의 최우선순위에 영어 공부, 자격증 목록 등을 적어두고 공부에 매진했다. 필요한 자격 혹은 자격증은 단기간에 가능한 것부터 준비했다. 마케터로서 마케팅 매니지먼트와 소셜미디어 전공이 목표였기에 관련 온라인 플랫폼과 교육과정을 찾아 공부하고 자격을 취득했다.

예를 들어 마케터인 나는 구글에서 취득할 수 있는 자격증인 구글 관련 자격증, 온라인 광고의 키워드를 분석하는데 유용한 키워드 분석 툴인 SEMrush과 같은 플랫폼을 효과적으로 사용하기 위한 SEMrush SEO(Search Engine Optimization) Certificate 그리고 마케팅을 시뮬레이션 해볼 수 있는 스투켄트(Stukent) 사이트의 Mimic Social & Mimic Pro 자격증, 소셜미디어의 모든 것을 배우고 운영해볼 수 있는 사이트인 훗스위트(Hootsuite) 관련 자격증인 Advanced Social Media Strategy Training and Certification와 Hootsuite Platform Certification 등을 찾아두고 하나씩 취득해 나갔다.

구글, 훗스위트 외에도 태블로(Tableau), 아마존, 쇼피파이(Shopify) 등에서도 관련 교육 과정들을 공부하거나 자격증들을 획득할 수 있다. 업무나 전공 분야에 따라 다르겠지만 자신이 생각하는 우선순위에 따라 자격증이나 공부할 것들을 시각화하고 스케줄표를 만들어 언제까지 완료하겠다는 표시를 해두면 좋다.

나는 관심 분야에서 일하기 위해 캐나다 토론토 현지에 있는 지인들을 찾아다녔고, 관련 분야에서 일하는 이들의 지인들까지 만나며 적극적으로 취업 관련 의문점들을 해결해나갔다. 일례로 한국에서 알게 된 지인을 통해 내가 원하는 자리에 있는 현지 사람들을 소개받기도 했다. 이때도 링크드인의 도움을 많이 받았다. 링크드인을 통해 관심 분야에서 일하고 있는 선배들에게 연락했다. 그렇게 조금씩 메시지를 주고받다 보니 만남이 가능하겠다는 생각이 들어 실제로 도움받을 만한 분들에게 연락했고, 좋은 만남으로 이어질 수 있었다. 지나고 나서 든 생각이지만 한국에서도 이런 준비들을 마치고 캐나다로 왔으면 훨씬 좋았겠다는 아쉬움이 들었다.

현지에서 인맥을 수소문하라

캐나다에 와서 가장 크게 느낀 것은 한국인은 모두 '사돈의 팔촌'이라는 사실이었다. 케빈 베이컨(Kevin Bacon)의 6단계 법칙(자신과 관계 없는 사람이라도 6단계만 거치면 서로 아는 사람으로 연결될 수 있다는 법칙)을 굳이 떠올리지 않더라도, 한국 사람들은 종종 관련 없는 사람도 먼 친척인 것처럼 이야기하곤 한다. 그리고 누구든 그 관계망 안에 있으면 도움을 주고받기가 어렵지 않다. 특히 해외에서는 이런 한국인들의 미덕이 십분 발휘된다.

거기에 링크드인과 같은 플랫폼들에 미리 회원 가입을 해두고 이력들을 계속해서 업그레이드하는 것이다. 내가 관심을 두고 있는 롤 모델들도 분명히 지속적으로 자신의 프로필을 업그레이드하고 있을 테니, 그에 맞춰서 나의 프로필도 지속적으로 업그레이드하자. 내가 누군가를 관심 있게 지켜보듯이, 나를 관심 있게 지켜보는 사람들도 생겨나고, 그 수가 늘어나기 시작할 것이다. 사실 자신감은 도전 정신과 철저한 준비를 통해 자연스럽게 생겨난다고 생각한다. 그리고 인맥까지 갖춰진다면 이제 거의 모든 준비는 다 한 셈이다. 앞으로는 이 과정을 계속 반복해나가기만 하면 된다.

정확한 커뮤니케이션을 하라

해외 취업할 때 가장 중요하고 어려운 부분은 역시나 정확한 커뮤니케이션 능력이다. 본인이 전달한 메시지가 상대방 또는 그의 지인에게 정확하게 잘 전달되었는지 확인 가능한 정도가 되어야 한다. 커뮤니케이션은 신뢰와도 연결되므로 서로 주고받은 정보가 명확해야 한다. 개인적인 견해지만 우리나라 사람들은 커뮤니케이션을 할 때 '그럴 수도 있지……' 하며 대충 이해하고 넘어가는 경우도 있는 데 반해, 외국에서는 커뮤니케이션 하나로 사람을 판단하는 경향이 있는 듯 하다.

미팅이나 발표 때는 이야기할 키포인트를 미리 준비할 것이고, 이후 다시 내용을 이메일로 공유할 때는 정확성이 더더욱 요구된다. 이메일과 메시지로 정확히 커뮤니케이션하는 것이 왜 중요할까? 이러한 문자 커뮤니케이션은 공식 문서라고 할 수 있다. 본인의 커뮤니케이션 수준을 한 번에 보여주는 보증서 같은 존재이다. 또한 나의 업무 능력이 어느 정도인지 가늠된다. 명확하지 않게 대충 작성해서 보낸다면, '이 사람의 업무 능력은 이 정도밖에 되지 않는구나'라고 생각할 수 있다. 그렇다면 명확한 커뮤니케이션을 위해서는 어떻게 해야 할까? 다음 3가지 포인트를 반드시 기억하자.

1) 주요 내용은 세 문장 내로 키포인트를 표현하라. 이메일이나 보고서를 작성할 때 표나 그림을 넣으면 몇 배 이상의 효과를 낼 수 있다.
2) 메시지는 가능한 신속하게 답변하는 것이 좋다. 그러나 명확하지 않을 경우 어느 부분에서 답변이 어려우니 타임라인을 제시하고 명확하게 답변하겠다고 하면 대부분 이해할 것이다.
3) 통화나 미팅 후 상대방의 이야기를 요약하고 공식 메일로 다시 언급하여 인지했음을 알린다.

커뮤니케이션 능력은 초반에 잘 배워두면 일을 잘한다 또는 능력 있다는 평가를 들을 수 있다. 위의 사항들을 참고하여 이메일을 잘 쓰거나 커뮤니케이션을 잘하는 멘토들의 사례를 벤치마킹한다면 어느 상황에서든 일하기 수월할 것이다.

징검다리
취업 공략을 써라

취업은 현실이다

많은 사람들이 어릴 적 꿈이 대통령, 정치인, 아나운서, 외교관 등이었다고 말한다. 하지만 시간이 흐르고 나의 능력을 어느 정도 가늠할 수 있게 되었을 때도 여전히 이러한 꿈을 꾸고 있는 사람이 얼마나 될까? 대학에 입학하면서 어릴 적 꿈에 한 걸음 더 다가갔다고 이야기하는 사람은 또 얼마나 될까? 더욱이 대학 졸업 즈음이라면 사회에 한 걸음 내딛기 위해 이미 준비되어 있어야 할 때인데, 여전히 스스로를 정확하게 파악하거나 현실을 직시하지 못한다면 결과는 불 보듯 뻔하다.

눈높이를 낮추자

캐나다에서 대학원 공부 중 만난 D는 미디어영상과를 졸업하고 캐나다의 텔레커뮤니케이션, 미디어, 영상 관련 대기업에 계속 지원했다. 하지만 결과가 좋지 않아서 낙담했고, 결국 나에게 컨설팅을 요청해왔다. 어떻게 해야 할지 모르겠다고 하는 D의 가장 큰 문제는 무엇이었을까?

한국에서도 마찬가지지만 갓 졸업한 대학생의 어떤 면을 보고 대기업에서 채용할지를 생각해보면 준비해야 할 것들이 무엇인지 객관적인 판단이 설 것이다. 뛰어난 학점, 각종 관련 자격증으로도 대기업 입사가 쉽지 않다는 것은 누구나 다 아는 사실이다. 출신 학교뿐 아니라 학교를 다니면서 참여했던 프로젝트 결과가 특출 나게 좋지 않은 한, 혹은 인턴십을 통해 굉장한 성과를 내지 않은 한, 갓 졸업한 학생 혹은 졸업을 앞둔 취업 준비생이 바로 대기업에 입사하기는 쉽지 않다.

더욱이 D는 캐나다까지 유학 와서 현실을 똑바로 인식하지 못했던 것 같다. 취업을 따로 준비했다기보다는 그냥 학교를 졸업하기만 하면 알 만한 회사에 입사할 수 있을 것이라고 예상했다. 그런데 그게 생각보다 쉽지 않은 일임을 경험으로 깨닫고 캐나다까지 왔는데 큰일 났다 싶었다고 한다. 단단하게 하나씩 실력을 갖춰야 하는 것뿐 아니라, 인턴십에 도전하고, 관련 분야의 프로젝트에 참여해서 성과를 쌓고, 계속해서 자신을 갈고닦는 구체적인 노력 없이 대기업 문을 두드리기만 했으니 결과는 뻔했다.

누구나 대기업 입사를 꿈꾸고 더욱이 한국에서는 취업의 첫 단추를 끼우는 것에 비유하기도 하는 만큼, 꼭 대기업에 입사해야 한다는 강박관념에 사로잡히기 쉽다. 캐나다를 비롯한 해외와 한국의 취업 문화가 어느 부분에서 무엇이 어떻게 다를까? 현실을 직시해야 하는 순간이 왔을 때 정리해보면 사실 준비해야 하는 것들은 한국이든 캐나다이든 크게 다르지 않다.

나는 D에게 목표로 하는 큰 회사가 있다면, 우선 지금 본인의 현실을 직시하고, 단단하게 아래부터 쌓아가야 한다고 조언했다. 입사하고자 하는 분야의 기업들을 단계별로 정리해보고, 차근차근 경력을 쌓아 올라가는 방식이다. 지금 당장은 특장점이 없으니, 목표로 하는 A기업과 비슷한 업무들을 수행하고 있는 A-1 기업에서 우선 경력을 쌓고 그것을 바탕으로 A기업에 지원하는 것이다. 인턴십 기회도 충분히 활용하고, 열정 페이로라도 기업에 들어가 업무를 실제로 해보면서 분위기를 익히고, 기업에서 필요한 자격과 실력들을 쌓아가라고 권했다.

최근에 D는 프로필 세팅 및 본인의 지속적인 콘텐츠 공유를 통해 많은 사람들과 교류하고 있다. 그리고 이미 취업에도 성공했다. 취업 전에는 진심을 담아 올린 게시물을 통해 많은 분들에게 댓글로 오퍼를 받기도 했다. D는 프로필 세팅도 중요하지만,

보다 지속적인 배움과 콘텐츠를 통해 진심을 담은 나눔이 중요하다는 것을 깨달았다고 한다. 이렇게 링크드인의 효과를 누리고 나니 더 적극적으로 사용해보고 싶다는 생각이 들었다는 것이다.

기업 프로젝트를 백분 활용하자

캐나다에서는 소셜미디어과 졸업 전에 가상의 인턴십 기회를 준다. 캡스톤 프로젝트(Capstone Project)라고 불리는 인턴십은 과목 마무리 차원에서 실제로 대여섯 명씩 팀으로 묶어서 회사와 매칭해주고, 실제 회사의 업무를 가상으로 완성하는 일이 주어진다. 학생들의 실력이 실제 업무에 얼마나 적용될까 싶지만, 회사에서 인정받는 것만큼 실력 발휘를 할 중요한 기회이다.

프로젝트는 팀 과제로 진행되기 때문에 팀원들의 실력과 그들과의 협업이 중요하고, 그 안에서 어떤 역할을 해내는지, 프로젝트를 완성해가는 능력이 어느 정도인지를 알 수 있다. 실제로 나도 이 프로젝트를 통해 교수님의 추천을 받았었다. 졸업 후 기업의 입장에서 다시 이 프로젝트에 참여하게 되었을 때, 열심히 임하는 학생들에게도 그 기회를 만들어주고 싶었다. 실제로 교수님들이 기업 업무와 관련한 이 프로젝트 과정에서 학생의 실력을 보고 추천서를 작성해주기도 한다.

캐나다 토론토 Senaca College의 Social Media과에서 주관

한 기업 매칭 프로그램은 그 당시에 기업 8팀, 학생 10팀으로 1 : 1 매칭이 불가능한 상황이었다. 그래서 각 기업의 프레젠테이션을 바탕으로 학생팀의 지원을 받고, 총 2개 기업은 학생을 2팀씩 받기로 했다. 내가 근무하는 곳은 LCG Foods Distribution이었다. 프로젝트 프레젠테이션은 내가 작성해서 발표했고, 그 영상을 보고 학생 4팀이 지원했다.

어쩔 수 없이 4팀 중 2팀만 뽑게 되었고, 당시 프로젝트를 진행하면서 총 12명의 학생들에게 최선을 다하면 이 중 4명을 꼭 인턴십으로 채용하겠다고 약속했다. 사실 그때 회사에서는 나에게 연봉 인상을 약속한 터였으나, 학생 4명을 인턴으로 채용해준다면 내 인상분을 포기하겠다고 사장님과 일종의 '거래'을 했다. 그만큼 학생들과의 약속을 지키고 싶었고, 그 결과 최종 인턴십으로 4명을 모두 받았다.

4명 중 한 명은 캐나다 나머지는 인도와 이란에서 온 국제 학생들이었다. 캐나다의 기업 인턴십은 참가하는 것에만 의의를 두지 않는다. 이들이 기업에서 실제 어떤 역할을 했는지 구체적으로 이력서에 채울 것이 있어야 다음 단계, 즉 더 나은 직장으로 갈 수 있다. 그래서 나는 이들에게 단순한 업무만 주지 않고, 6주간 진행되는 프로젝트에서 일주일에 한 번씩 그룹 멘토링과 개인 코칭 세션들을 진행하고 회사 관련 업무뿐 아니라 실제 커리어를 쌓을 수 있는 미션을 내주었다.

결국 4명 중 B는 인턴십을 열정적으로 해내고 나의 멘토링 세션에도 적극적으로 참여해 인턴십이 끝난 뒤 우리 회사에 정규직으로 입사했다. 나도 이 프로젝트를 완성해가는 과정과 결과를 통해 교수님의 추천서를 받았고, 실제 여러 기업의 인턴십 기회를 얻어낼 수 있었기에, 나의 인턴들에게도 그런 기회를 주고 싶었다. 이 분야에서 배움을 늦게 시작한 나는 절박한 만큼 실력을 더 쌓으려고 노력했는데, 후배들도 자신들의 입장에서는 그에 못지않게 절박했다고 믿었다.

교수 추천서는 징검다리에 필수

해외 취업에서 중요한 것 중 하나가 바로 '추천' 제도이다. 정규 모집이 없고 수시로 인원을 뽑는 해외 기업에 입사하기 위해, 사회에 첫발을 내딛는 초년생들에게는 특히 교수의 추천서가 정말 중요하다. 나 역시 이러한 과정을 통해 교수들의 추천서를 받아 여러 기업에 면접 기회를 얻었고, 그중 지금의 기업에 파트타임으로 입사해서 현재는 정규직으로 일하고 있다. 그리고 마케팅 관련 분야에서 '당근마켓'과 다른 국내 회사들의 토론토 론칭 및 토론토 현지화를 돕는 자문이자 프리랜서 마케터로 일하고 있다. 지금의 회사는 대기업은 아니지만 B2B Food Whosaler로는 결코 작은 기업이 아니다.

한 단계, 한 단계 성장해나가자

내가 강조하고 싶은 것은, 해외 취업 과정에서 처음부터 대기업에 들어갈 수 있다면 좋겠지만 그렇지 않더라도 결코 좌절하거나 포기하지 말라는 것이다. 작은 기업이라도 내실이 튼튼하고 경력을 세심하게 쌓을 수 있는 회사에 들어가서, 착실하게 커리어를 만들어간다면 충분히 대기업에 도전해볼 수 있다.

링크드인과 같은 검색엔진에서 기업 정보를 모으고, 관련 분야의 커뮤니티를 잘 활용해서, 관련 업계의 분위기나 각 회사들의 구체적인 정보들을 알아낼 수도 있으니 적극적으로 활용하는 것이 좋다. 업계 선배들을 찾아내 롤 모델로 삼고 준비할 것들을 하나씩 정리해가면서 필요한 커리어를 만들어간다면, 본인이 원하는 커리어 패스를 만들어 나가는 것은 결국 이루지 못할 꿈이 아니다.

해외 취업의
진입 장벽이 낮아졌다

변화 또 변화

불과 10년 전만 해도 스마트폰이 얼마나 우리 삶에 큰 변화를 가져올지 예측할 수 없었다. 손안에 노트북과 카메라를 들고 다니게 될지 누가 상상이나 할 수 있었겠는가. 문자도 카톡 같은 앱으로 충분히 대체 가능하고, 비슷한 기능을 가진 앱들은 여러 다른 창구(쇼핑, 검색엔진, SNS 등)로 이어지는 문이 되었다. 2022년 이제 세계는 가상세계, 가상화폐의 차원을 넘어 '메타버스'로 도약 중이다. 이를 증명하듯 마크 저커버그는 2021년 10월 메타버스 사업에 집중하겠다는 의미로 회사 이름을 페이스북에서 '메타'로 바꾸기도 했다.(페이스북은 인스타그램도 함께 운영하고 있다.)

이 모든 변화는 코로나19 팬데믹 이전부터 시작되었지만, 코로나로 인해 가속도가 붙었다고 해도 과언이 아니다. 만날 수 없는 상황이 계속해서 이어지자 필요성에 의해 비대면이지만 대면 같은 만남을 위한 도구들이 절실히 필요하게 되었다. 줌(Zoom), 구글 밋(Google Meet) 등의 사용률이 코로나19 팬데믹 이후 급격히 높아진 것이다. 비대면 만남은 분명 제한적인 환경 안에서 이루어지는 것이므로 단점도 있고 그로 인한 피로감도 적지 않다. 재택근무가 늘면서 같은 공간에 있지 않아도 함께 근무하는 환경을 조성해야 할 필요성도 높아졌다. 이미 세계적인 IT 기업들은 가상공간에 사무실을 만들기 시작했고, 다른 유수의 기업들도 이런 현상을 따라가고 있다.

앞에서도 이야기했듯이 취업의 흐름도 이전과는 판도가 급격히 달라졌다. 대면의 비대면화, 업무의 온라인화, 일처리의 디지털화 등 코로나19 팬데믹은 우리 삶을 대면 없이도 굴러가도록 만들었고, 지금도 여전히 그 변화는 진행 중이다. 세계 어디서나 인터넷 접속만 가능하면 '나'라는 사람을 더 속속들이 보여줄 수 있고, 내가 할 수 있는 업무를 바로 처리한 후 전달이 가능하며, 얼마든지 많은 수의 사람들이 한 공간에 모일 수 있다.

경계 없는 세계가 오다

국내 기업들의 변화도 가파르다. '직방'은 강남에 있는 사옥의

임대를 해지하고 메타폴리스라는 자체 가상 사무실을 만들었다. 현실의 공간을 포기하고 가상공간에 있으니 실제 필요한 집기들을 구입하는 비용이 줄었고, 물리적 사옥을 포기하자 전국에서 인재를 영입할 수 있다고 한다. 한 직원은 육아와 병행할 수 있다는 점 때문에 직방으로 이직했다. 회사 입장에서는 운영비를 90%가량 절감했고, 사옥을 다른 회사들에 임대하는 사업도 시작했다. 이처럼 발 빠른 기업들은 필요에 따라 현실과 가상현실의 균형을 생각하며 그 흐름에 맞춰가고자 노력 중이다.

국내 여러 기업들과 정부기관들도 이런 흐름을 주도하고 있다. IT 강국답게 가상 사무실에서 근무 및 회의, 강의 등을 활성화해서, 실제 모두가 재택근무를 해야 하는 상황에서도 업무가 끊어지지 않는 환경을 만들어가고 있다. 회사 전체 인원의 오리엔테이션을 가상공간에서 실행할 수 있고, 팀별로 나눠서 회의도 가능하다. 굳이 팬데믹에 의한 거리두기가 아니더라도 가상공간에서 일상을 꾸려갈 수 있게 되었다.

현실과 가상현실의 경계가 점점 모호해지고 있다. 한 예로 메타버스 플랫폼인 '제페토' 안에서는 현금을 가상머니로 전환해 아바타를 원하는 대로 꾸밀 수 있는 아이템들을 구입한다. 그런 아이템들을 내가 디자인해서 판매할 수도 있다. 가상머니를 현금처럼 사용할 수 있는 것이다. 가상공간에 회사나 학교 건물에 있을 법한 강의실과 비슷한 공간을 마련해 강의를 진행하는가

하면 이 공간에 사원들의 아바타가 입장하면 출석 체크가 된다. 메타버스는 이처럼 한국 땅을 밟지 않고도 충분히 한국 청중들을 대상으로 얼마든지 강의를 할 수 있는 세상이다. 시차만이 걸림돌일 뿐 그 외의 것은 전혀 문제되지 않는다.

전 세계인의 취업시장이 열렸다

글로벌 기업 아마존은 최근 아마존 글로벌셀링 한국 공식 홈페이지에 이런 슬로건을 내걸었다.

"전 세계 고객을 내 고객으로, 아마존에서 간편하게 시작하세요."

이 슬로건은 아마존의 글로벌화를 나 자신이 주도할 수 있다는 자신감을 심어준다. 사실 나는 아마존 셀러가 되고 싶어서 한국의 질 좋은 제품을 토론토 현지에서 판매하는 이노 마켓(INNO Market Inc.)이라는 회사를 설립했고, 아마존을 통해 실제 한국의 물품들을 캐나다에서 판매하고 있다.

실제 나라 간의 무역은 쉬운 일이 아니다. 해외무역은 오랜 시간 동안 쌓아온 관계를 바탕으로, 국가 간의 협력을 통해 이루어진다. 서로의 이익과 이해, 배려 등 여러 고려할 사항이 많기 때문에 결코 일회성의 필요로 성사되기 어렵다. 국가 간, 기업 간의 해외무역에 이렇게나 어려움이 많은데, 개인이 무역시장에 뛰어든다는 것이 얼마나 어려운 일인지 가늠하기 어렵다. 그런데 아마존에서는 가능하다는 것이다. 이 바탕에는 국가 간의 무역 시스템을 뒷받침해줄 든든한 인터넷 시스템의 발전이 있다. 그 시스템 뒤에는 현지에서 일하는 인재들이 있다.

미국 본사에만 그 인재들이 있는 것이 아니다. 아마존은 사무실 근무자들을 세계 각국에서 뽑고 있는데, 현재 거주하고 있는 나라에서 아마존 업무를 할 수 있다. 본인이 살고 있는 나라에서 해외 기업에 근무하기를 희망하는 사람들을 '디지털 노마드(사무실 등 장소에 구애받지 않고 (무선) 기술을 이용하여 근무하는 사람)'라고 부른다. 아마존뿐만 아니라 페이스북과 인스타그램을 운영하는 메타 역시 전 세계 인재들을 실리콘밸리로 직접 부르지 않고 고용한다.

내가 일하고 있는 토론토 현지 기업 LCG식품유통(LCG Foods Distribution)도 세일즈 오퍼레이션, 마케팅, 고객 서비스 등 IT 관련 업무 중 재택근무 가능한 포지션들은 다른 나라에서 뽑기도 한다. 필리핀, 인도와 같은 IT 강국이면서 동시에 현지 생활비가 캐나다보다 훨씬 낮은 나라들이다. 재택근무가 가능한 포지션의 직원들을 굳이 토론토 현지에서 고용하는 것보다 적은 금액으로도 원격근무할 수 있는 사람을 다른 나라에서 채용하는 것이 기업 입장에서 이익이기 때문이다.

내 방 오피스를 가능하게 해주는 것들

코로나19 이후 사무실로 출근하는 것보다 내 방 컴퓨터 앞으로 출근하는 것에 더 익숙해졌다는 이야기들이 있다. 출퇴근 시간 단축과 업무 유연성, 사무실 운영비 절감 등의 이유로 직원과 회사 모두 재택근무를 점점 더 선호하고 있다. 앞서 말한 '직방'처럼 거점 오피스 대신 메타버스 사무실을 운영하겠다는 기업들도 등장하기 시작했다.

직원 입장에서는 출퇴근을 하지 않아도 되니 재택근무가 계속되길 바라지만, 기업의 입장에서는 그 이유가 다르다. 사무실 운영비 절감과 직원들의 업무 효율성 증가 등 다양한 장점이 있는데, 또 다른 이유는 다름 아닌 재택근무 또는 원격근무를 하면 장소의 제약을 뛰어넘을 수 있고, 지역과 국가에 상관없이 우수한 인재를 채용할 수 있기 때문이다.

한국 기업들은 그동안 장소의 제약 때문에 채용하지 못했던 외국에서 유학하고 있는 인재를 채용할 수 있고, 외국 기업들은 한국에 있는 인재를 채용할 수 있다는 점이 재택근무를 이어가고 싶은 큰 이유다.

포스트팬데믹을 준비하면서 원격근무 혹은 재택근무를 허용하는 기업들이 점점 더 늘어나고 있는 추세이다. 미국의 한 컨설팅 회사가 재택근무 관련 조사를 실시했는데, 기업들의 83%가 포스트 코로나에도 재택근무나 일정 조정 등으로 보다 유연한 근무 환경을 위한 정책을 마련할 것이라고 답했다고 한다. 디지털 노마드라면 이런 기업들을 찾아보고 비교해볼 수 있는 정보가 필수다. 워크넷, 잡코리아, 개발자들이 주로 사용하는 깃허브(github.com) 등에 'Remote job, Remote work'를 검색하면 해외와 국내에서 원격근무를 허용하는 기업들을 찾아볼 수 있다.

인스타그램이 엮어준 나와 당근마켓

한국 기업이 해외에 진출할 때 해외 현지에서는 현지인보다 일 잘하는 한국인들을 뽑기도 한다. CJ, LG, 삼성 등 굴지의 한국 기업들이 해외로 진출하면서 주재원으로 나가기도 하지만, 현지에 살고 있는 인재들도 영입한다. 한국 기업이 해외에 진출할 경우 현지에서는 법인회사 자격이므로 해외 기업이라고 하기는 어렵지만 해외 취업이라고 부를 수는 있다.

나의 경우 당근마켓이 캐나다 토론토 현지에서 사업을 확장하게 되면서 현지의 인플루언서를 인스타그램으로 찾다가 함께 일하게 되었다. 당시 인스타그램을 시작한 지 얼마 되지 않았지만, 활발히 활동하는 동안 감사하게도 많은 분들이 나의 계정을 팔로우하면서 마이크로 인플루언서가 되었다. 마침 당근마켓에서 나를 인지하고 만남을 요청했는데, 마케터로 일하고 있는 내가 당근마켓 현지화에 도움될 것이라고 먼저 어필해서 프리랜서 마케터로 채용되었다. 한두 줄로 표현하기에는 너무 간단하고 시시해 보일 수도 있겠지만 그게 전부이다. 꼭 이 순간만을 위한 것은 아니었지만, 그동안 내가 노력하고 쌓아온 것들이 나의 SNS 계정을 통해 가능성으로 보여진 것이라고 생각한다.

인스타그램, 링크드인, 블로그 등 나의 SNS 계정은 나의 아바타라고 할 수 있다. 이 계정들을 통해 다른 사람들이 나에 대해 알게 되고 소통하며 신뢰를 쌓아간다. 직접 만날 수 없기 때문에 SNS를 통한 만남에는 때때로 과장이 섞이기도 하고, 단적인 면만 보여지기도 한다. 겉으로 판단할 수밖에 없기에 이러한 신뢰에는 사실 어느 정도 거품이 존재할 수밖에 없다. 일상적으로 하는 SNS는 꼭 만나지 않아도 되니 부담이 없을 수 있다. 그러나 비즈니스 관계를 형성하고자 하는 경우에는 그 거품을 확인하기 위해서라도 만남 또는 면접의 과정을 꼭 거쳐야 한다.

메타버스, 즉 가상현실에서는 게임 기반의 가상세계인 로블록스, 제페토 등의 한계를 뛰어넘어, 가능한 모든 업무와 협업이 가능하다면 전 세계에서 인재를 영입할 수 있을 것이다. 게임업계, IT업계뿐 아니라 대화로 가능한 업무, 문서 작업 위주의 업무 등 가상세계에서도 가능한 업무 영역은 한없이 넓어질 전망이다. 현실 세계와 큰 차이를 느끼지 않도록 하기 위한 오프라인 모임도 꼭 필요하다면 동반될 수 있다.

그러나 기본적으로 사람의 능력과 기술은 본인만의 것이다.

가상세계에서 구축하고 싶은 모습으로 변경할 수는 있지만 그렇다고 본인이 사라지는 것이 아니므로 링크드인 등을 통해 기업들이 원하는 능력을 정확하게 보여주어야 한다.

나의 정보에 나의 가능성에 대한 이야기만 쓰여 있다면, 어느 누가 영입하고 싶을까? 원하는 곳에 취업하기 위해서는 업계와 포지션에 맞는 능력을 명확하게 장착하고 표현할 수 있어야 한다. 어느 정도는 준비되어 있어야 한다는 것이다. 그런 다음 어느 나라, 어느 지역으로 갈지, 혹은 어느 나라 어느 기업에 들어갈지 찾아보자. 준비된 자에게는 해외 취업이 그리 멀지 않은 일이라고 확신한다.

Linkedin

3장

글로벌 인맥을 쌓아 해외 취업하기

해외 취업의 가장 효과적인 네트워킹 2가지

진화하는 네트워킹

인터넷 시대가 본격적으로 열린 이후(1990년대 후반), 온라인에서 인간관계는 이전 시대와는 확연히 달라졌다. 처음에는 그저 오프라인에서 맺은 인간관계를 유지하는 차원이었다. 하지만 인스타그램, 페이스북, 트위터 등으로 연결되는 우리의 인간 관계는 1차적인 오프라인 관계뿐 아니라, 내가 사는 지역, 출신 학교, 직장, 관심 영역 등을 아우른다.

예를 들어 네이버 카페를 통해 성장한 중고나라가 번개장터라는 전국 관계망을 사용하는 거래 플랫폼으로 성장했고, 스마트폰의 사용이 일상화되면서 당근마켓이라는 앱을 통해 지역 사람들과 관계를 맺을 수 있다. 또한 이런 온라인 '네트워크'는 비단 상거래뿐 아니라 유튜브나 아프리카TV 등의 개인방송 운영에도 활용된다. '좋아요'와 '구독'을 통해 구독자를 확보하고, '나'라는 사람의 생각을 공유하고 판매까지 연결시킬 수 있다. 온라인네트워크를 활용한 또 다른 예로는 취업시장을 들 수 있는데, 잡코리아, 알바천국, 숨고 등 구직 사이트들이다.

이 네트워킹이 중요하다는 것은 알고 있지만, 모든 사람들이 이를 우선순위에 두지는 않는다. 우선순위에 두고 있다고 하는 사람도 그 방법을 모르겠다고 하거나 필요할 때만 찾기도 한다. 네트워킹을 누구와 어떻게 해야 할지 모르겠다고 한다. 뿌연 안개 속처럼 누구를 만나야 하고, 어떤 말을 나눠야 하고, 어떤 순서에 따라 어떤 방법으로 해야 하는지 말이다. 인맥을 쌓는 일은 때때로 시간이 오래 걸리거나 어색할 수도 있고, 성격이나 상황에 따라 많은 노력이 요구되기도 한다.

나의 일정이 이미 업무 관련 미팅이나 가족, 친구들과의 약속으로 가득 차 있을 때, 이런 온라인 네트워킹은 우선순위에서 밀려나기 쉽다. 아직 우리는 직접 마주 보고 일을 해결해나가려고 하는 관성이 여전히 크게 남아 있기 때문이다. 하지만 코로나19로 맞이한 비대면의 현실이 이런 우리의 관성을 무너뜨렸다. 탄탄하고 프로페셔널한 네트워크가 취업이나 이직에 미치는 영향력이 아주 크다는 점은 부인하기 어렵다. 취업뿐 아니라 경력을 쌓아가는 모든 단계에서 네트워크를 잘 다져온 사람은 그렇지 않은 사람보다 분명 경쟁우위를 차지할 가능성이 높다.

토론토에서 실감한 네트워킹의 위력

언제 어디서나 취업에 관한 이야기를 하다 보면 지연, 학연 등 인맥(네트워킹)에 관한 이야기가 자연스럽게 등장한다. 그러면서 많은 사람들이 네트워킹이 취업에 막대한 영향을 미치는 것에 대한 부정적인 영향과 불만을 토로하곤 한다. 한국에서만 그런 의견이 있는 것이 아니라 캐나다도 크게 다르지 않았다.

캐나다 토론토에서도 취업 시 네트워킹의 중요성에 대해 많은 이야기를 한다. 한국과 다른 점이 있다면, 비슷한 능력을 가진 두 사람이 있을 때 지인의 추천이나 소개가 우선적으로 고려된다는 것이다. 한국에서는 공채가 아닌 추천이나 인맥을 통해 입사하는 경우 낙하산을 의심하며 조금 보수적으로 보는 경향이 있다. 반면 북미에서는 일만 잘한다면 추천이나 소개로 들어오는 것에 대해 개방적인 분위기다. 이처럼 사회적 분위기에 따라 네트워킹을 바라보는 시선은 조금 다를 수 있지만 경력 개발을 위한 네트워킹이 중요하다는 인식은 어디든 공통적이다.

캐나다에서 준석사 과정을 마칠 즈음 한 동기가 어떻게 하면 같이 인턴십을 하면서 취업할 수 있을지 물어보았다. 팀 프로젝트를 하면서 친하게 지내던 동기였기에 관심 있는 분야가 IT라는 것과 IT 계열 회사에서 마케팅 업무를 하고 싶어하는 것을 알고 있었다. 마침 당시 나와 같이 집을 함께 쓰던 친구의 회사에서 마케터를 구하고 있었는데, 혹시 지원이 가능하다면 추천해 줄 수 있겠느냐고 물어보았다. 나의 문의 덕분에 그 친구는 별다른 공고 없이 추천을 통해 면접을 보고 인턴십을 마친 후 그 회사에 입사했다. 타이밍도 좋았지만, 나를 통한 소개가 중요한 역할을 했기에 그 친구에게 감사의 인사까지 받았다.

같은 경력, 다른 결과

이처럼 아무리 강조해도 부족한 네트워킹의 중요성에 관해 상반된 경험을 한 2명의 지인이 있다. 둘 다 한국에서 전문대를 졸업했고 해외 취업에 대한 열망이 있었지만 졸업 후의 결과는 정반대였다.

졸업 전부터 온오프라인 인맥을 탄탄히 다져온 A는 첫 번째 인턴십을 했던 회사에 입사했는데, 지속적으로 업계에서 이직 제의를 받고 있다. B는 늘 학점이 잘 나오고 학과에서 인정하는 우등생이었으나 스펙으로 무엇이든 가능할 것이라는 생각만으로 네트워킹에 거의 신경 쓰지 않았다. 그는 졸업 후 아직도 인턴십뿐만 아니라 수많은 기업에 이력서만 제출하고 있다.

A는 학과 시절부터 링크드인의 프로필을 통해 교수님, 학과

친구들과 1촌을 맺는 노력을 기울였다. 뿐만 아니라 종종 학과 수업에 초대되는 게스트 강사들에게도 강의 후에 따로 인사하며 이메일, 링크드인 등의 SNS 계정을 받아 따로 감사의 메시지를 전달했다. 강의 때 제대로 물어보지 못했던 부분들을 메시지로 문의해서 확인하는 등 진심으로 큰 관심을 보이니 누구든 좋아하지 않을 수 없었다. 그리고 전공 혹은 일하고자 하는 포지션과 관련된 링크드인 커뮤니티에서 적극적으로 활동하며 회원들에게 본인의 장점과 기술을 지속적으로 어필했다. 동시에 회원들이 재직하고 있는 회사들에서 관련 포지션 채용 공고가 있을 때, 본인이 회사에 어떻게 기여할 수 있는지 진심을 담아 상세히 작성한 메시지 또는 메일을 보냈다. 직장 경험이 전무한 신입인데도 많은 인터뷰 경험 기회를 가질 수 있었을 뿐만 아니라 많은 회사들로부터 입사 제의를 받았다.

반면 B는 대학에서 엠배서더로 활동했으나 함께했던 회원들과 교류하지 않았고 본인에게 맞는 업무에만 집중했다. 해외 취업에 관심이 있어 링크드인에 대해 듣기는 했으나 계정만 만들어두고 네트워킹은 시도하지 않았다. 영어만 잘하고 스펙만 잘 쌓으면 되는 줄 알았던 B는 졸업 후 좋은 기회를 얻지 못해 계속 제자리에 머물고 있었다.

두 사람의 사례를 통해 우리의 노력 여하에 따라 전문 분야에서 인맥을 쌓을 수 있으며, 그 네트워킹이 특히 (해외) 취업에 큰 디딤돌이 된다는 것을 확실히 알게 되었다. 코로나19로 이전보다 오프라인 만남이 어려운 상황에서도 주어진 툴을 최대한 활용하여 이 상황을 돌파해온 인재라면 꼭 해외가 아니라도 언제 어디서나 환영받을 것이다.

흐름에 맞게 활동 영역을 확장해야 한다

코로나19 이전에는 우리가 익히 알고 있는 방법들로 많은 사람들과 활발하게 네트워킹할 수 있었다. 대면이 가능한 오프라인 미팅들, 이를테면 교외 또는 사외 모임 프로그램, 봉사활동, 엠배서더 활동, 심지어 스터디 모임까지. 오프라인 모임의 중심에는 오프라인 미팅을 주최해온 플랫폼, 이를테면 밋업(Meet Up)과 이벤트 브라이트(Event Brite) 등이 있다.

팬데믹으로 모든 것이 비대면과 온라인으로 급격히 전환되었고 링크드인 내의 다양한 그룹에서 온라인 세미나가 열리고 있다. 이런 부분들을 알고 적극적으로 활용하면 취업, 경력 개발, 소프트 스킬 향상에 도움을 얻을 수 있다. 그뿐 아니라 다양한 유형의 멘토 및 고문과 연결되어 수많은 사람들을 만나며 뜻밖의 기회를 얻게 된다.

아무것도 하지 않으면 어떤 관계도 맺을 수 없다. 특히 지금은 국내뿐 아니라 해외로 나의 영역을 무한히 확장해나갈 수 있는 절호의 시대이다. 그에 발맞춰 내가 원하는 인간관계를 어떻게 만들어가고 쌓아갈 것인지는 오롯이 나에게 달려 있다.

필요한 인맥을 검색하고 1촌을 맺기 위한 전략

누구나 할 수 있는 인맥 쌓기, 어렵지 않다

거의 대부분의 사람들은 기본적인 온라인 관계 맺기에 속해 있다. 한국인이라면 누구나 카카오톡을 사용할 것이다. 해외에도 왓츠앱(WhatsApp), 라인(LINE) 등을 통해 이러한 관계 맺기가 활성화되어 있고, 1 : 1 대화 또는 그룹 대화도 가능하다.

2000년대 초반에 유행했던 싸이월드로 1촌이라는 개념이 생겨났고, 트위터, 페이스북 등에서 1촌 맺기는 팔로잉(following)에 해당한다. 온라인에서 일상적인 관계는 1촌과 팔로워(follower)라고 할 수 있다. 여기에 파도타기(1촌의 1촌 또는 누군가의 1촌의 미니홈피를 방문하는 것)는 팔로잉의 개념으로 오프라인 인맥을 통해 온라인으로 인맥을 확장해나갈 수 있다. 본래 네트워킹이라는 말은 사람들이 하는 온갖 일들을 연결하여 그물코(네트워크)와 같은 관계를 형성하는 것을 말한다. 사람들과 관계 맺는 일들 자체가 네트워킹이라는 것이다. 그러니 지금 인맥이나 지원을 해줄 사람들이 없다고 불안해하지 말자. 앞으로 어떻게 관계를 만들어 갈까 고민하고 바로 계획하고 실행에 옮기면 된다. 진심과 정성을 담아 나의 1촌이 될 사람들과 커뮤니케이션하고 계속 두드린다면 분명 닫힌 문은 열릴 것이다. 사람마다 가장 중요하게 여기는 부분이 서로 다르다. 나는 어릴 때부터 부모님께서 늘 "어디에서 무얼 하든지 좋은 사람들을 만나 그 사람들의 다리가 되고, 다른 사람들의 성장을 돕는 민경이가 되면 좋겠어"라는 말씀을 해주셨다. 그 말씀이 늘 내 마음밭의 중심이 되어 사람들을 만날 때마다 진심을 다하려고 노력했다. 제약 회사 영업, 마케터로 근무할 때도 그 진심은 큰 효력을 발휘했다.

링크드인을 통한 인맥 쌓기 전략

온오프라인을 통해 프로페셔널하게 네트워크를 넓히는 데는 여러 가지 방법이 있지만, 현재로서는 링크드인을 활용하는 것이 가장 빠르다. 어떤 방법이 있고 어떻게 활용하여 내가 달성하고자 하는 방향으로 이끌어낼 것인가에 대해 알아보자.

예를 들어 나의 경우 이벤트 브라이트와 밋업이라는 온라인 플랫폼들을 통해 오프라인 네트워킹을 하곤 했었다. 그런데 코로나19 이후 오프라인 모임들이 온라인으로 급격히 바뀌게 되었고, 링크드인을 더 많이 활용하면서 온라인 모임도 적극적으로 참여하려고 했다. 그리고 동시에 오프라인 네트워킹 활동도 놓치지 않으려고 했다.

'오프라인에서 관계 맺는 것도 쉽지 않은데 어떻게 온라인 플랫폼인 링크드인에서 인맥을 쌓지?' '어떤 사람들과 연결되어야 할까?' '어떤 메시지로 수락해달라고 요청할까?' '1촌 맺기를 신청했는데 수락해주지 않으면 어떡하지?' 등 이와 비슷한 고민을 안고 있는 사람들이 많다. 개인적으로 아직 경험해보지 않은 일에 대해 고민하는 것은 시간 낭비라고 생각한다. 그러므로 고민할 시간에 관계를 맺은 사람들의 리스트를 만들어 큰 범주 안에서 연결해볼 것을 추천한다.

우선 엑셀 파일이나 구글 스프레드시트에 취업 또는 커리어의 성장과 전환에 도움을 줄 수 있는 사람들의 리스트를 적어보고 1촌 신청을 한다. 이때 중요한 것은 이들과 연결만 되고 아무 대화가 없다면 소용없다는 점이다. 평소 안부도 묻고 소소하게 이어가는 대화 속에서 자연스럽게 커리어 상담도 하면서 자신에 대해 어필하면 좋다.

링크드인에서 원하는 타깃을 1촌으로 검색하기

링크드인에서 1촌을 맺기 위해서는 가장 먼저 본인이 원하는 타깃을 찾아야 한다. 어떤 타깃인지는 정답이 없다. 링크드인 네트워크를 확장할 때 내가 주로 쓰는 접근 방법 중 가장 유용한 3가지를 소개한다.

첫째, 지인 찾기

학교 동창들, 회사 동료들, 멘토 및 종교, 군대, 시민단체에서 아는 사람들을 찾는 것이다.

둘째, 동종업계 근무자나 인사 담당자 찾기

현재 동종업계의 내가 희망하는 포지션에서 근무 중인 사람들과 인사 채용 담당자들이다.

셋째, 채용 전문가 찾기

대부분 채용 전문 회사 내에 분야마다 전문가들이 따로 있다. 예를 들어 산업별로 IT, 자동차, 제약, 의료장비(Medical Device), 이커머스(E-Commerce) 등 다양한 분야의 채용 전문가들이 있다.

어떻게 접근하는 것이 좋을까? 서로 아는 사이라면 '연결(Connect)'을 누르고 간단한 인사 정도만 해도 무방하다. 하지만 서로 모르는 사이라면 먼저 상대방에게 맞춰서 인사말을 작성하고 링크드인 내에서 메시지를 보내보자. 내용은 본인 소개, 연결되고 싶은 이유 정도를 간단히 쓰는데, 형식적으로 보이지 않게 진심을 담아 작성한다.

링크드인에서 1촌 신청 시 알아둬야 할 점

그렇다면 1촌 맺기를 신청할 때 자연스럽고 효과적인 접근 방법이 있을까?

첫째, 서로 아는 사이라면 그냥 '신청하기'를 누르거나 반갑게 짧은 인사 정도만 나누자. 처음부터 너무 많은 이야기를 건네면 상대방에게 부담을 줄 수 있다. 높은 지위에 있는 사람들에게는 메시지를 좀 더 공손하고 공식적으로 남기는 것이 좋다. 같은 인사 한마디라도 기분 좋은 매너가 느껴지면 인상에 남는다.

둘째, 서로 모르는 사이라면 앞에서 소개한 네트워크를 확장하는 3가지 방법 가운데 두 번째와 세 번째 방법을 활용한다. 동종업계에서 일하는 사람들 또는 인사 담당자, 채용 전문가와 1촌을 맺는 경우 상대방의 직책에 맞게 정성과 진심을 담아 메시지를 작성하여 개인적으로 보내는 것을 추천한다.

현실적으로 내 취업과 커리어에 도움되는 사람은?

많은 사람들이 링크드인에서 어떤 사람들과 1촌을 맺어야 할지 모르겠다고 한다. 예를 들어 나는 첫 번째 회사가 제약 회사였고 현재는 식품과 IT 분야에서 일하기 때문에 우선 제약, 식품, IT 분야의 채용 전문가부터 찾기 시작했다. 경력이 없는 경우에는 본인이 공부했던 분야나 앞으로 나아가고자 하는 분야, 나의 강점을 잘 살리면서도 즐기면서 일할 수 있는 분야의 사람들을 찾으면 된다. 이런 점에서 링크드인은 다른 어떤 플랫폼보다 활용도와 정확도가 높다.

사실 구글이나 네이버 등은 회사만 보여줄 뿐 담당자 정보를 자세히 알 수 없다. 메시지도 그 사람의 개인적인 정보를 침해하는 듯한 느낌이 들어서 보내는 데 많이 망설여진다. 하지만 링크드인은 그 회사에 다니는 사람들이 링크드인 계정을 가지고 있다면, 그 회사의 인사부나 총무부, 마케팅 부서에 누가 있는지 쉽게 찾을 수 있다. 앞에서도 말했듯이 북미나 유럽은 대부분 링크드인 계정을 가지고 있기 때문에 쉽게 연결된다. 이렇게 누구에게나 열려 있는 플랫폼을 사용하지 않는다면 큰 기회의 문을 닫아두는 것과 같다. 기회를 찾고 두드리는 것은 오롯이 당신의 몫이다.

1촌 신청과 관련해서 자주 듣는 질문이 있다. 1촌을 맺을 때 주의할 사항은 무엇인지, 이직을 생각하고 있는 상황에서 다니고 있는 회사의 직원들과 링크드인에서 관계를 맺어야 하느냐 하는 것이다. 우선 이전 회사 사람들 또는 희망하는 회사 사람들과 연결하고, 현재 회사 사람들과는 최근 상황에 대한 업데이트나 활동이 명확해질 때까지 연결하지 않는 것이 좋다.

이직 과정에서 문제가 생길 소지도 감안해야 하기 때문이다. 현재 학생이거나 구직 중인 사람들은 교수님과 친구들, 학기 중 인턴십을 한다면 회사 동료들 그리고 앞으로 가고 싶은 회사의 채용 담당자나 희망하는 부서에 근무하는 사람들 위주로 관계를 맺으면 좋다.

나에게 맞는 롤 모델과 커리어에 도움될 멘토는 필수

멘토는 직접 찾아나서야 한다

인생의 나침반이 되어줄 멘토, 내 커리어의 성장을 도와줄 멘토가 있는 사람은 매우 행복하다. 그러므로 커리어에서 길잡이가 되어줄 멘토는 반드시 직접 찾는 것을 권한다. 업무를 가장 빨리, 효과적으로 배울 수 있는 방법 중 하나가 사람을 통하는 것이기 때문이다. 일일이 동영상을 시청하거나 책을 읽고 배우는 것도 의미 있지만 모든 업무 관련 지식을 총괄하여 핵심만 쏙쏙 알려줄 수 있는 멘토를 통해 내가 배우고자 하는 부분을 직접 배우는 것이 가장 빠르게 효과적으로 업무를 터득해나가는 방법이다.

내가 가야 할 길을 앞서간 선배들을 보면서, 혹은 함께 상의해가면서 길을 돌아가지 않고 좀 더 명확하게 갈 수 있다. 따라서 멘토 없이 커리어를 성장시키기는 어렵고 성장 궤도 역시 짧아질 수 있다. 직면하는 어려움을 해결해야 할 때 상황을 공유하며 도움을 받을 멘토가 있다면 큰 도움이 된다.

몇 년의 경력을 가지고 있는지는 상관없다. 이제 막 커리어를 시작했다 하더라도 나를 충분히 뒤에서 밀어줄 경험 많은 멘토들, 강력한 지원 네트워크를 만들고 유지하는 것이 중요하다.

내 성공을 도와준 멘토의 기억

마케팅 매니저(프로젝트 매니저)였던 나 역시 새로운 제품을 론칭할 때 선배의 도움을 받아 성공적으로 마무리했다.

6년 전 지금은 시장에서 이미 성장한 인슐린 제품의 브랜드 매니저로서 신제품 론칭을 담당하게 되었다. 당시 내 경력으로 신제품(약품)을 론칭한다는 것은 당뇨병약 브랜드 매니저로서 정말 흔치 않은 일이었다. 각 부서가 신제품 론칭을 바라보는 관점이 다르기에 여러 부서와 협력하는 과정에서 많은 통찰력을 배울 수 있었다. 전략과 플랜을 설정하는 데 있어 그들의 다양한 의견은 신제품을 시장에서 성공적으로 론칭하는 데 큰 도움이 되었다. 그 부서장들은 지금의 나를 만들어준 멘토와 같은 존재이다.

그때 비로소 나는 커리어를 유지하고 쌓는 데 선배와 멘토들의 역할이 얼마나 중요한지를 알게 되었다. 많은 부서 사람들과 함께 전체적인 전략과 플랜을 세우면서 그들의 도움(Input)이 얼마나 성공적인 결과(Output)를 가져다주는지 알게 된 값진 시간이었다.

멘토를 찾는 2가지 방법

그렇다면 어떻게 멘토를 찾아야 하는가? 멘토를 찾는 방법에는 크게 2가지가 있다. 첫째는 조직 내에서 찾는 방법이고, 둘째는 외부에서 찾는 방법이다.

첫째, 조직 내부의 멘토는 현재 근무하고 있거나 기여하고 있는 조직과 커뮤니티 내부의 사람을 말한다. 내부의 멘토는 나를 어느 정도 알고 이미 유대가 형성되어 있기 때문에 일반적으로 외부 사람들보다 접근하기가 더 쉽다. 그리고 내가 추구하는 방향과 같은 경로를 거쳐 내가 희망하는 포지션에서 일하는 멘토들은 특히 더 가치 있다. 그렇기에 평소 그들에게 커리어 관련 자문을 구하거나 다른 궁금한 부분에 대한 조언을 구한다면, 더욱 두터운 유대 관계를 맺을 좋은 기회가 된다.

내가 가지고 있는 강점과 적성에 맞는 방향으로 나아갈 가능성을 높이려면 가능한 여러 멘토와 상담하는 것이 좋다. 모든 사람들이 나에게 적합한 멘토가 되는 것은 아니므로 평소에 질문을 적어두었다가 내가 할 수 있는 것들을 배워나가야 한다. 모든 인간관계가 그렇듯 멘토링 유대감은 한 방향이 아닌 양방향으로 작용한다는 것을 꼭 기억하자. 멘토들의 관점에서 그들에게 줄 수 있는 긍정적인 영향을 고려하고 서로 윈윈(win-win)할 수 있는 방향으로 진심이 담긴 두터운 유대 관계를 형성해야 한다.

둘째는 조직 외부에서 멘토를 찾는 것이다. 조금은 어려울 수 있으나 나와는 다른 시각과 경험에서 우러나오는 독특한 통찰력을 얻을 수 있다. 조직 외부에서 멘토를 찾을 때는 링크드인, 페이스북, 인스타그램 등 SNS 채널을 이용하면 좋다. 이 채널을 통해 관련산업 또는 무역협회 등의 네트워킹 행사를 눈여겨보는 것도 잠재적인 나의 멘토를 만날 수 있는 효과적인 방법 중 하나이다.

내가 그런 행사에 참석하기 전에 주로 준비했던 것은 해당 행사의 스피커들이나 게스트들에 대해 조사하는 것이다. 그들의 배경이나 히스토리에 대한 질문을 준비하고 만난다면 당신의 진심을 전달하면서도, 요즘 인스타그램에서 얘기하는 소위 "인친에서 찐친, 찐친에서 현친으로" 나아가는 데 효과적이다.

멘토들을 만날 때는 이 점에 유의하자

멘토들을 만날 때 가장 명심해야 할 것은 그들의 시간을 아껴주는 것이다. 그들의 시간은 곧 가치가 높은 화폐임을 꼭 기억하

자. 나는 늘 그들의 시간을 헛되이 사용하면 안 된다는 생각을 가지고 멘토들을 만난다.

미팅 전에는 그 사람에게 내가 어떤 부분에서 도움이 될 수 있을까를 고민하고 관련 자료를 간단하게라도 준비한다. 나도 누군가의 멘티이고 후배이지만, 어떤 면에서 그분들이 가지고 있지 않은 나의 인사이트를 전달하여 도움이 될 수 있도록 노력한다.

일례로 2021년 여름, 한국을 방문했을 때 나는 여러 멘토들을 만나기 위해 사전에 일정을 조율하여 정리했다. 마케터로서 나의 멘토들이 하는 사업이나 퍼스널 브랜딩에 도움이 되기 위해 SWOT 분석(강점Strength, 약점Weakness, 기회Opportunity, 위기Threat의 머리글자를 딴 것으로, 기업의 강점과 약점, 환경적 기회와 위기를 통해 효과적인 경영 전략을 수립하기 위한 분석 방법이다)을 해주었다. 어떤 부분을 더 강하게 밀고 가면 좋을지 또는 개선하면 좋을지에 대해 마케터로서 의견을 전했다. 누군가 이렇게 관심을 가지고 인사이트를 공유한다면 좋아하지 있을까? 윈윈할 수 있는 소통을 함으로써 시간이라는 화폐를 헛되이 쓰지 않음과 동시에 나에 대한 믿음이 커져 서로의 유대감을 한층 높일 수 있었다.

나의 롤 모델과 멘토는 해외 취업과 경력 개발의 열쇠

링크드인을 통해 다양한 분야의 사람들을 만날 수 있다. 내가 캐나다에 와서 바로 했던 일은 나와 비슷한 산업에서 일했거나 캐나다 토론토에서 현재 근무 중인 한국인을 찾는 것이었다. 링크드인에서 검색 필터를 사용하여 'Toronto', 'Korean', 'Pharmaceutical'을 검색한 결과, 글로벌 또는 현지 제약 회사에서 근무하는 5명을 바로 찾을 수 있었다. 그들에게 링크드인으로 진심이 담긴 메시지를 서론(나는 누구인지), 본론(만나고자 하는 이유), 결론(서로에게 주는 긍정적인 영향) 순서로 작성해서 보냈다.

고맙게도 5명 모두 만남에 응해주었다. 그분들을 만나서 현재 회사 업무와 포지션에 관련된 이야기뿐 아니라 개인적인 질문들도 하면서, 어떠한 부분에서 상호 보완할 수 있는지도 발견했던 유익한 시간이었다.

이미 유럽과 북유럽의 나라들은 링크드인을 활발하게 사용하고 있다. 우리나라와는 달리 실력만 갖추면 대부분 인맥으로 입사하는 것을 당연하게 여긴다. 나의 지경을 넓혀 나에게 적합한 멘토를 찾는 일은, 신입으로 취업을 하거나 혹은 경력직으로 이직하기 위한 경력을 쌓는 데 너무나 중요하다. 나에게 든든한 버팀목이 되는 멘토가 없다면 성장이 더딜 수밖에 없고, 어떤 어려움이나 도전을 극복하기도 더 힘들다.

어떤 사람이 나의 멘토가 되어야 할지 잘 모르겠다면 조직이나 커뮤니티 내에서 내가 존경할 만한 사람을 찾아보는 것으로 시작하면 좋다. 거기에 워크숍, 이벤트, 소셜 채널을 통해 만난 외부 멘토를 추가한다면 더 많이 성장할 수 있는 디딤돌로 삼을 수 있다.

멘토는 내 커리어를 한 뼘이라도 높여줄 귀한 존재라는 것을 기억하자. 눈을 뜨고 귀를 열어 적극적으로 찾으면 내가 벤치마킹할 멘토 한 명은 반드시 만날 수 있다. 그러한 멘토를 만났다면 서로의 커리어 인생에서 윈윈하며 상승 곡선을 그려갈 수 있도록 최선을 다하자.

지속적이고 임팩트 있게,
온오프라인 인맥 관리 꿀팁

관계의 진정성이란?

우리가 일반적으로 말하는 진정성 있는 관계는 어떤 것일까? 태어날 때부터 속해 있는 가족 관계, 어린 시절을 함께 공유해온 친구 관계, 혹은 중고등학교 친구나 대학 동기들과 선후배, 사회생활을 시작하며 함께 우여곡절을 겪는 과정에서 전우애를 다져온 동기들과 선후배들…….

'나'라는 사람이 모두에게 진실한 마음을 가지고 대해왔다면 이 모든 관계들이 진정성 있는 것이다. 그러한 관계를 생각해볼 때 서로 필요에 의해 만나는 사람들과도 충분히 진정성 있는 관계를 맺을 수 있다. 관계의 중요성을 떠나 어떤 만남이든 정성을 다하면 된다. 한 다리 건너면 다 아는 사이라는 말이 있을 정도로 관계망이 촘촘한 대한민국 사회에서 언제 어디서나 누구에게든 도움을 주고 받을 수 있을 테니 말이다.

그렇다면 코로나19로 인한 지금의 비대면 상황에서는 어떻게 상대방과의 만남에 정성을 다할 수 있을까? 얼굴을 마주하는 대면 만남에서는 어떻게든 상대방에게 긍정적인 제스처를 취할 수 있겠지만, 비대면에서는 어떻게 해야 할지 모를 수 있다. 사실 대면과 비대면 만남을 전혀 다르게 생각할 필요는 없다. 비대면이라 하더라도 최선을 다해 예의를 갖추고, 주고받는 메시지들로 마음을 잘 전달하면 충분하다. 다만 서로 익숙하지 않은 비대면, 온라인 환경이므로 활용할 수 있는 도구나 시스템들을 최대한 이용하는 것이 좋다.

SNS 관계도 대면 관계와 같다

SNS는 익숙하지 않은 사람들과 만날 수 있는 최적의 공간이다. 처음 만난 사이에서는 주로 SNS로 관계 맺기를 시작하면 좋은데 나 자신을 전부 드러낼 필요 없다. 나라는 사람의 단편적인 모습을 잘 보여주는 동시에 내가 필요할 때만 연락한다는 인상을 주지 않고 자연스럽게 대화를 이어갈 수 있다. 지인들끼리는 사소한 일상을 SNS에서 공유하기 때문에 오랜만에 연락해도 자주 만난 사이 같은 느낌이 든다.

개인적인 친분과 비즈니스 관계를 분리하고 싶다면 SNS 계정을 별도로 운영해볼 수도 있다. 링크드인의 경우 일반적인 SNS와는 차별화된 비즈니스 관계망을 구축하기 쉬운 환경이므로 일상의 SNS와도 구별될 수 있다.

여기에서도 역시 중요한 것은 나라는 사람을 잘 보여주고, 만남에 정성을 다한다는 인상을 주는 것이다. 내 일상을 공유하는 데 있어서 어떻게 하면 그런 느낌을 줄 것인지는 조금만 더 고민해본다면 여러 곳에서 팁을 찾을 수 있다.

SNS, 나는 이래서 좋다

사실 내가 SNS를 본격적으로 사용하기 시작한 것은 1년 남짓이었다. 링크드인은 필요에 의해 오래전에 계정을 만들어 운영해오고 있었지만, 페이스북이나 인스타그램처럼 주로 일상을 공유하는 SNS는 필요성을 느끼지 못했다. 나는 스케줄표를 만들어두고, 비즈니스 관계망을 포함한 지인들과의 만남을 미리 계획하는 편이다. 과거 회사에서 영업했던 경험으로 직접적인 만남을 통한 소통이 최선이라고 생각했기 때문이다. 물론 직접적인 만남이 관계를 만들어가는 데 가장 좋은 방법이라는 생각은 지금도 변함없다. 하지만 현재 상황에 맞춘 비대면의 장점도 알고 나니 양방향 모두 적극적으로 활용하면 좋겠다는 생각이 들었다.

그래서 필요에 의해 일상을 공유하기도 하고, 자연스럽게 비즈니스와 연계될 수 있도록 SNS를 운영하고 있다. 여러 지인들과 사업적인 관계망을 인스타그램을 통해 구축했는데, 당근마켓의 마케팅 프리랜서로 활동했던 부분도 인스타그램을 통해 미팅하고 정식 요청을 받은 것이다.

SNS에서는 수많은 팔로워를 통해 영향력을 행사하는 사람을 '인플루언서'라 부르는데, 나는 여러 경로를 통해 관계망을 형성하다 보니 어느 순간 오가닉 팔로워(Organic Follower, 돈으로 사지 않은 진성 팔로워)가 어느 정도 있는 나노 인플루언서(구독자와 팔로워 구간은 1,000~10,000으로 높지는 않지만, 그 어떤 그룹보다 팔로워와 잦은 소통을 하고 그들과 라포(Rapport)가 형성되어 있기에 신용도가 높은 편이다)가 되어 있었다. 아주 유명한 인플루언서는 아니지만 내 관계망 안에서는 충분히 영향력을 발휘할 수 있다고 평가받는 것이다. 이런 일들이 어떻게 일어났는가를 분석해본 결과 나의 최선과 노력이 그 안에 녹아들어 있었기 때문이었다. 온라인에서 최선과 노력은 내용을 얼마나 알차게 구성했는지, 어떤 인터넷 도구를 사용하여 트렌드에 맞게 화면을 꾸몄는지, 해시태그(#)를 이용한 연관 키워드 활용, 앳마크(@)를 통한 지인 소환 등으로 잘 나타나 있다.

온라인 스킬에도 트렌드가 있다

SNS를 적극적으로 활용하려면 인터넷 환경에 익숙해지기 위한 도구들을 익히고, 검색 키워드를 잘 찾아낼 수 있는 기술을 갖추어야 한다. 지금 나에게 아무런 능력이 없다고 포기하기에는 이르다. 패션에 트렌드가 있듯이 현재 배울 수 있는 온라인 기술도 계속 바뀌기 때문이다.

포스트 코로나로 가고 있는 상황에서 대면 만남 또한 준비해야 한다. 다시 나라 간의 이동이 유연해지고, 대면 만남이 본격적으로 이루어지고 있다. 그동안 나는 어떻게 관계를 쌓아왔는지 돌아보면서 부족했던 부분들을 채우고, 앞으로의 만남을 새롭게 대비할 필요가 있다. 취업시장에서도 마찬가지다.

사회에 첫발을 내딛고자 하는 취준생도, 이직을 준비하는 사람도 "나라는 사람을 어떻게 어필할 것인가?"를 구체적으로 고민해왔을 것이다. 동시에 "어떻게 관계를 맺을 것인지?"를 반드시 고민해야 한다. 그런 의미에서 나는 다음 3가지 포인트를 짚어보고자 한다.

취업 때문에 갑자기 연락하는 것은 금물이다

취준생이라면 대학을 졸업하기 전부터 부지런히 취업 준비를 시작했을 것이다. 아르바이트, 프로젝트, 인턴십 등을 통해 관계를 맺은 사람들 중에 나의 능력을 높이 평가해주고 다음 단계로 나아가는 데 도움을 줄 수 있는 사람들이 반드시 있다.

사실 일적인 만남으로 이루어진 관계에서는 나와 성격이 맞지 않아 어려운 사람들도 있고, 서로 잘 맞는 사람들도 있다. 그런데 필요에 의해 연결된 관계라면 필요가 다하는 순간 끝나기 쉽다. 그 끝을 만들어가는 것은 상대가 아닌 바로 나라는 것을 기억하자! 나에게 더 이상 필요 없다고 관계가 끝나는 것이 아니다. 상대의 필요 역시 고려하는 것이 관계를 이어가는 열쇠이다. 언제든 다시 필요한 일이 생길 수 있다고 생각하고 만남에 최선을 다해야 한다.

특히 취업으로 인해 교수님의 추천서나 프로젝트 팀원들의 추천서, 혹은 아르바이트를 통해 나를 평가해줄 매니저들의 추천서가 필요할 경우, 갑자기 연락을 취해 필요한 부분만 요청한다면 정말 민망하고 예의 없어 보일 수 있다. 내가 업무에 특출나지 않았다면 더더욱 나를 기억하고 있을지도 고려해야 한다. 그러므로 나의 취업에 필요하다고 해서 갑자기 연락하는 것은 금물이다.

물론 모든 관계가 수평적이지 않고, 특히 상하 위계질서를 중시하는 한국 사회에서 윗사람들과 관계를 유지해나가기는 쉽지 않다. 그러나 어떤 관계에도 경중을 두지 말고, 최선을 다해 만남을 이어가야 한다. 예를 들어 교수님의 추천서는 반드시 필요하니 평소에 교수님과 관계를 잘 맺어두는 것이 좋다. 이럴 때 가장 자연스러운 것은 내 경력에 관련된 자문을 구하는 것이다. 나는 늘 커리어와 관련해 궁금한 사항들을 적어두었다가 만난 자리에서 질문하곤 한다. 그래서 교수님들은 나를 언제나 새로운 일에 도전하는 열정적인 학생으로 기억한다.

메시지는 구체적이고 명확하게, 정성 가득 작성한다

관계를 이어가는 핵심은 주고받는 메시지에 들어 있다. 이메일이든, 텍스트 메시지든 늘 상대방의 상황을 고려하면서, 나로 인해 기분이 좋아질 수 있으면 더 좋겠다는 생각으로 작성한다. 그러려면 메시지 내용은 매우 구체적이고 내가 무엇을 원하는지 명확하게 드러내면서도 글 전체적으로 정성이 가득 담겨야 한다.

아주 단편적인 예로, 중고거래 앱인 당근마켓에 전자레인지를 올렸을 때, A는 '10년 사용'이라는 단어 하나만 올렸고, B는 언제 샀는지 상태는 어떠한지 어떤 스토리가 담긴 물건인지에 대해 자세히 올렸다. 이럴 때 구매자는 어떤 물건을 구입할까? 당연히 B다. 하다못해 중고상품을 살 때도 이렇게 비교하는데, 자신을 알리는 내용은 더 자세하고 명확해야 하지 않을까?

중고거래에서 판매할 사람은 물품에 대한 정확한 정보를 올릴 때 구매자를 고려한 표현을 적절하게 사용해야 한다. 서로 주고받는 메시지로 구매가 결정되고 거래가 성사된다. 거래를 하면서 서로의 태도를 피드백할 수 있고, 이러한 피드백들이 모여 나의 태도를 온도로 표현한다. 온도가 높은 사람일수록 중고거래에서 정성을 다했다는 뜻이다. 여러 사람이 같은 물건을 내놓았을 경우 누구든 온도가 높은 사람과의 거래가 만족스러울 것이라고 예상하는 것은 당연하다.

또 다른 예로 배달의민족에서 배달 음식을 주문하고 후기를 올렸다. 소통의 중요성을 잘 알고 있는 업주들은 후기에도 정성스런 답글로 감사를 표현한다. 이러한 소통을 보고 다른 주문자들은 이 매장을 좋은 이미지로 기억하거나, 표시(별 또는 북마크로 나의 리스트에 포함하는 행위)를 통해 다음 구매 시 우선적으로 고려할 가능성이 크다. 물론 음식은 맛과 양도 중요하지만, 이렇게 소통하는 방식만으로도 매장의 이미지가 달라질 수 있다.

이처럼 우리의 만남 전반에서 소통은 동일하게 적용된다. 만남이 이루어지는 매 순간 상대방과의 소통에 최선을 다한다면, 이후의 만남들이 더 풍요로울 것이라고 믿는다.

감사의 마음은 언제나 옳다

취업할 때나 업무 과정에서 누군가의 도움을 받는 것으로 끝맺으면 안 된다. 감사의 마음을 충분히 표현해야 한다. 나는 감사의 메시지를 보내는 경우도 있지만 정말 내 마음을 표현하고 싶을 때는 작은 선물과 함께 손편지를 전한다. 대부분의 사람들은 선물도 좋지만 손편지로 인해 더 큰 감동을 받았다고 한다.

도움은 받기만 하는 것이 아니라 주고받는 것임을 기억해야 한다. 그러한 관계를 지속해나가려면 생각날 때마다 안부를 물을 수 있는 관계로 발전하는 것이 좋다. 비즈니스 관계로 만남을 시작했더라도 계속해서 관계를 이어가려면 일상적인 관계로 전환해야 한다. 모든 만남과 관계를 그렇게 바꾸기가 쉽지는 않겠지만 가능한 노력해보자.

나는 일상의 모든 일들을 머릿속으로 계획하고 실천할 수 없기에, 다음과 같은 방법을 통해 개인적인 지인들부터 업무상 관계를 맺고 있는 사람들까지 지속적으로 연락하려고 애쓴다. 일상과 업무의 이벤트들을 스케줄에 넣어두는 것처럼, 사람들과의 관계를 이어갈 타이밍도 스케줄에 넣어두고 챙기는 것이다. 바로 우선순위를 정해서 인맥을 관리하는 방법이다.

개인적인 관계든 일적인 관계든 나만의 우선순위를 정해두고 모든 분들을 리스트에 정리해서 관리한다. 우선순위를 색으로 표시하여, 1순위는 한 달에 한 번, 2순위는 세 달에 한 번, 3순위는 반년에 한 번 연락을 취하고자 노력한다. 처음에는 만남에 우선순위를 굳이 매겨야 하는지, 과연 우선순위가 있을까 싶었다. 하지만 리스트를 작성하고 보니 최소한 나의 삶을 중심으로 연락이 필요한데 놓치는 관계들을 확인할 수 있었고, 그렇게 연락을 이어가다 보니 활용도가 높았다.

인맥 관리의 팁

	우선 순위	이름	분야	근무 기관	이메일	연락처	링크드인	직업	관계	거주국	1st F/U	2nd F/U
1	1	김민경	심리	서울대				교수	교수님	한국	Call	
2	3	박미리	심리	서울대				졸업생	동료	한국	DM	
3	3	이민호	심리	서울대				졸업생	동료	한국		
4	1	이영미	심리	서울대				졸업생	상사	한국	DM	
5	3	홍수희	광고	USC				조교수	친구	미국	DM	
6	2	John Wang	뇌인지 과학	UIUC				교수	교수님	미국	DM	
7	2	Jim Colin	뇌 심리	UIUC				교수	교수님	미국	DM	
8	3	Christine Ho	커리어 개발	뉴욕 주립대				조교수	멘토	미국	DM	
9	3	Rahul Ravindra	교육 심리	UIUC				교수	교수님	미국	DM	
10	3	김명수	통계	UIUC				교수	교수님	미국	DM	

* 1st follow-up Date: 첫 번째 팔로우업 날짜, 1st follow-up Remarks: 첫 번째 팔로우업 주요 사항

기본적인 인적 사항, 이름, 연락처, 이메일, 회사, 업계, 직위, 동료 혹은 상사(분류 추가 항목), 링크드인 계정 등 업무적으로 필요한 사항들도 넣어두었다. 그리고 언제 처음 연락하게 되었는지, 어떤 대화를 나누었는지 등을 간단히 적어두었다.

이 항목은 두 번째, 세 번째로 계속 이어질 수 있는데, 어떤 대화를 나누었는지를 적어두면 다음 만남을 준비할 때 유용하다. 특히 비즈니스 관계에서 도움을 주고받게 되었을 때, 혹은 기회가 주어질 때 발 빠르게 다음 단계를 준비할 수 있다. 이 모든 항목은 나의 필요에 맞춰 작성하면 된다.

인맥 관리를 한다는 것

결국 적합한 타이밍에 맞춰 꾸준히 진정성을 표현해가는 것이다. 그러기 위해서는 현실적인 노력이 필요한데, 잘 정리해서 계획하는 것만큼 좋은 방법이 없다.

바삐 돌아가는 일상에서 언제 계획하고 정리하나 싶지만, 어떤 일에서든 꼭 필요한 단계이고 인맥을 관리하는 부분에서도 마찬가지다. 그렇기 때문에 나는 인맥관리표를 만들어두고 계획대로 하려고 애쓴다.

사람 간의 관계에서 굳이 이럴 필요까지 있을까, 인간미 없어 보이지 않느냐고 생각할 수도 있다. 하지만 내 머릿속은 한계가 있고, 모든 것을 제어하거나 관리하기 어렵다는 점을 감안하더라도 꼭 필요한 방법이라 판단했고 사용해왔기에 적극적으로 추천하는 것이다.

Linkedin

4장

나만의 매력치를 최대치로 올려라

나만의 강점과 포지션을 찾아라

나 자신을 모른다

자신에 대해 잘 알고 있느냐고 물으면 의외로 많은 사람들이 "아니요"라고 답한다. 실제로 대부분의 사람들이 자기 자신에 대해 제대로 모르고 있다. 오히려 주변 사람들이 "너는 ○○○해"라고 하는 것이 객관적으로 보여지는 진짜 내 모습일 수 있다. 나의 마음과 생각은 무의식중에 말과 행동에 고스란히 드러난다. 말과 행동을 제어할 수 있다고 생각하기 쉽지만 실제로는 그렇지 못하다. 하다못해 표정과 숨소리에서도 감정은 드러나기 마련이다.

취업과 이직을 고려하고 있다면, 내가 먼저 어느 분야에 관심 있는지 혹은 어느 분야에 자신 있는지를 깊이 생각해봐야 한다.

스스로를 잘 알지 못한다는 결론에 이르렀다면 나를 잘 알 수 있는 또 다른 방법이 없을까를 고민해야 한다. 나는 여러 생각과 고민 끝에 지인들에게 직접 물어보았다. 나를 잘 아는 지인들이 나를 객관적으로 평가해줄 것이라는 믿음이 있었다. 질문은 크게 나를 생각했을 때 떠오르는 키워드와 강점, 약점 그리고 나에게 가장 고마웠던 경험 등 총 4가지로 나눴다. 나를 명확하게 알고 싶었기에 쑥스러운 감정은 일단 접어두었다.

나만의 강점을 찾아서

지인들에게 답변을 듣는 과정에서 내가 가진 재산은 인맥이라는 믿음이 크게 틀리지 않았음을 확신했다. 주변 지인들에게 늘 관심을 갖고 만남을 이어온 덕분에 큰 도움을 받을 수 있었던 것이다. 나 자신을 잘 모르겠다면 나를 잘 아는 주변 사람들에게 물어보는 것을 추천한다.

외향적이고 사교적인 성격 덕분이기도 하지만, 일상에서 꾸준히 주변인들과 소통해가는 것은 쉽게 놓칠 수 있는 부분이었기에 관계의 중요성을 다시 한 번 생각해볼 수 있는 값진 시간이었다. 다음은 지인들이 나에 대해 답해준 내용을 표로 정리한 것이다. 나의 강점 찾기 리스트는 개인에게 맞는 질문들로 구성하면 된다. 자신에 대한 객관적인 평가들을 잘 정리해두면 언제든

나의 강점 찾기 리스트 예시

이름	키워드	강점	약점	고마운 부분
이○○	성장	열정적	숨가쁘다	늘 고맙다. 아낌없이 자신의 재능을 나눠주며, 나에게 도움이 될 부분을 연결해 주기 위해 노력한다. 최근에는 사업 관련해 다양한 정보와 제안을 공유해줘 나의 발전을 돕고 있다. 그로 인해 다양한 방법을 생각과 경험을 하게 된다.
남○○	핫초코	배려, 나눔	가끔 꽂히면 일단 직진(장점이자 단점)	도움을 받았던 적이 많지만, 여전히 가장 고맙고 마음에 남아있는 순간은 코로나19가 심해짐에도 불구하고 주저하지 않고 공항에 픽업 나와주겠다고 했을 때 감동받았다.
류○○	아이디어 뱅크	열정, 행동력	힘든 내색을 잘 안 한다	소소한 고마움들이 많다. 고등학생 시절부터 같은 반이 아니었음에도 지금까지 좋은 친구로 지내는 우리 인연에 감사하고, 늘 내 입장을 먼저 배려해주고 퍼주는 스타일.
안○○	아름다움	추진력	사람에 대한 빠른 신뢰	늘 배움에 대한 열정이 없는 나에게 내가 뭘 잘하는지 말해주고 방향을 제시해줘서 동기부여 해주는 것이 늘 고맙다.
주○○	열정	주변을 잘 도움. 긍정적인 영향력	가끔 너무 정신이 없음	필리핀 어학연수 기간에 정신없는 와중에도 신경을 많이 써줘서 고마웠다.
양○○	자신감	지나가는 인연도 특별하게 만듬	생각해내기 어렵다	아들의 진로 방향 문제로 고민할 때 같이 말레이시아 데려가서 여행도 하고 좋은 얘기도 많이 해줘서 아들이 바른 길로 갈 수 있도록 도와준 것이 늘 고맙다.
이○○	슈퍼우먼	아이디어를 이뤄내는 실행력	잘 잊어버린다	늘 바쁘게 열정 있게 사는 모습을 보며 많이 자극 받고, 함께 일하면서 많은 걸 배우고 있다. 사실 매번 알려주기만 하는 것이 쉬운 일이 아닌데 늘 공유해주고 알려주는 것에 감사하다.
이○○	마당발 네트워	무엇이든 해내는 능력, 성실함과 부지런함	강한 자기 주관	그냥 내 친구라는 것만으로 항상 고맙다. 늘 잘 들어주고 생각해줘서 고마운데, 특히 우리 가족들까지 좋아해줘서 더 좋다.
문○○	집요함과 목표를 위한 끈기	의사결정력, 추진력	약간의 덤벙거림 (오히려 인간적이다)	함께 일할 때 제 역할을 알아서 잘해줘서 고마웠고, 특히 같이 일하는 사람들을 유쾌하게 하는 긍정의 기운으로 더 힘이 되었다.

활용할 수 있다. 자신에 대한 객관적인 지표가 어느 정도 정리되었다면, 나의 강점을 잘 살려 어느 분야에 집중 공략할 수 있을지를 알아본다.

나에게 딱 맞는 포지션 찾는 방법

자신의 강점을 모르는 사람들이 많듯이 자신의 적성을 모르는 사람들도 많다. 사실 성인이 되어서도 자신의 적성이 무엇인지 모르겠다고 하는 사람들이 대부분이다. 나 역시 대학교를 졸업하고 영업을 할 당시에 고민이 많았다. 내가 정말 영업에 맞는 걸까? 영업에서 계속 커리어를 쌓아도 되는 것일까? 아니면 다른 방향으로 전환할 수 있을까?

이런저런 고민들로 머릿속이 복잡할 때 도움을 받은 커리어 사이트가 있다. 그 사이트들 덕분에 나는 마케팅 분야에 적합한 사람이라는 것을 알 수 있었다. "저는 부끄럽지만 아직도 제 적성이 무엇인지 어떤 직업군과 포지션에서 일해야 할지 잘 모르겠어요"라고 말하는 분들은 다음에 나오는 사이트에 접속하여 지금 바로 본인의 적성과 커리어를 찾아보자.

나의 강점과 포지션을 찾았다면 이를 바탕으로 공략할 분야를 찾는다. 나를 알았으니, 이제 적을 알 차례이다. 적성을 찾았다면 이제 자신을 무대 위에 올려야 한다. 구직자와 회사를 연결하는 사이트를 잘 활용한다면 쉽고 빠르게 자신을 어필할 수 있다. 그중 링크드인은 가장 접속자가 많고 지역이 광범위하며 활동이 활발한 사이트이다. 이어지는 글에서는 링크드인을 가장 효율적으로 활용할 수 있는 '사용설명서'로 그 과정을 순서대로 소개해보겠다.

나의 적성과 포지션을 알아볼 수 있는 사이트

- 워크넷: www.work.go.kr
- 커리어넷: www.career.go.kr
- 인터크루 취업학교: school.incruit.com
- A Real Me: www.arealme.com/16types/ko

프로필 사진과 커버의 수준을 높여라

숨은 진주가 돼라

우리는 말 그대로 '정보의 홍수 시대'를 살아가고 있다. 따라서 자의든 타의든 흘러 들어온 무수히 많은 정보들을 가려내는 감각이 필요하다. 인터넷 기사를 검색할 때, 제목과 헤드라인만으로도 읽어야 하는 기사인지 아닌지, 혹은 필요한 내용인지 아닌지 결정한다. 하물며 음악도 처음 몇 초만 들어도 내가 선호하는 음악인지 가려낸다. 이렇듯 수많은 정보들 속에서 필요한 것을 콕 집어내려면 어떻게 해야 할까?

내가 면접관이라고 생각해보자. 누군가의 이력서를 들고 있는 나는, 이 사람이 내가 뽑아야 할 사람인지를 가장 먼저 무엇으로 구별할 수 있을까? 수많은 지원자들 중에서 이 사람의 강점을 어떻게 찾아낼 수 있을까? 생각만으로도 그 과정이 어렵고 지루한 느낌이 든다. 그러나 무엇을 먼저 보아야 할지 떠올려보자. 분명 이력서 첫 장의 사진, 대략적으로 보이는 이력과 자기소개서의 처음 몇 줄일 것이다.

일례로 얼마 전에 링크드인 1 : 1 코칭을 했던 두 사람이 있었는데, 사실 그 둘의 스펙은 비슷했다. 한 사람은 프로필 사진에 면티셔츠만 입고 찍은 일상 사진을 올려두었고, 다른 한 사람은 깔끔한 면접용 사진을 올려두었다. 링크드인에서 두 사람에 대한 반응은 선명하게 갈렸다. 전자에게는 어떠한 연락도 없는데 반해 후자에게는 꾸준히 연락이 들어왔다. 프로필 사진만으로도 이렇게 타인의 반응이 달라질 수 있다는 것을 보여주는 단적인 예다. 일반적으로 사람을 만날 때도 상대에 대한 호감도는 인상에서 좌우된다고 해도 과언이 아니다. 사람의 이미지는 70% 정도 첫인상으로 결정된다고 한다. 스펙이 아무리 좋다 한들 이력서의 사진조차 신경 쓰지 않는 사람에게 연락하고 싶은 마음이 생길 리 없을 것이다. 이제는 당신이 찾고 있는 빛나는 보석이 바로 '나'임을 증명해야 한다.

링크드인 동영상 이력서 활용하기

링크드인을 활용하고자 결정했다면 맨 먼저 링크드인이 나의 취업과 이직을 결정해줄 중요한 이력서임을 인식할 필요가 있다. 가장 먼저 한국에서 이력서를 제출할 때처럼 '고품질'의 '프로다운' 모습이 담긴 프로필 사진과 커버를 잘 만들어두자. 처음 나의 페이지에 들어오는 사람들에게 좋은 이미지를 심어줄 수 있는 중요한 첫걸음이 될 것이다.

그리고 또 하나의 팁을 주자면, 다른 취업 사이트와는 달리 링크드인은 자신의 프로필에 동영상으로 자기소개를 넣을 수 있다. 짧은 소개 비디오를 추가하면 프로필의 신뢰성이 더해지고 개인 브랜드가 향상될 수 있다. 그리고 해외에서 외국인인 우리에게 아주 유용한 도구가 될 수 있다. 한국인의 이름은 외국인들이 발음하기 어려워서 해외 취업 시 대부분 영어 이름을 사용한다. 그런데 최근 K-팝, K-컬처의 바람을 타고 한국에 대한 관심도가 높

링크드인에서 활동 중인 저자의 프로필 이미지

출처: www.linkedin.com/in/michelleminkyungkim

아지기도 했고, 내 이름을 정확하게 발음할 수 있도록 영상을 소개하면 수많은 '이(Lee)'와 '김(Kim)'들 사이에서 조금 특별해 보일 수 있다. 그리고 이름을 불러주는 사람도 신기해할 것이다. 작지만 이런 효과도 있으니, 링크드인에서 마련해둔 동영상 프로필 기능을 백분 활용해보자. 영상을 넣으면 프로필 사진 둘레는 보랏빛으로 표시된다.

강점이 부각된 프로필과 헤드라인을 작성하라

나를 어필하는 법

내 링크드인 페이지를 찾아오는 사람들에게 나를 가장 잘 어필할 수 있는 방법, 또는 링크드인에서 나를 부각할 수 있는 방법은 무엇일까? 링크드인을 활용하기 위해서는 이 질문을 붙들고 계속해서 씨름하는 시간이 필요하다. 여기서는 그 고민의 과정을 구체적으로 실현하기 위해 기본적으로 해두면 좋을 5가지 꿀팁을 소개한다.

오픈 마인드를 알린다

가장 먼저 할 일은 항상 링크드인 프로필을 업데이트할 때마다 공유하고 본인이 어떤 기회든 받아들일 준비가 되어 있음을 알리는 것이다.

링크드인 내 프로필 설정에 들어가면 개인정보들을 설정할 수 있다. 데이터 취급 방식을 관리하고 데이터를 다운로드할 수 있으며, 링크드인에서 하는 구직 활동의 공개 범위와 연동 계정에서 사용되는 회원정보까지 관리할 수 있다. 그중 '공개 범위'를 클릭하고 현재 자신의 상황에 맞춰 프로필 공개 범위를 설정한다.

중요한 것은 업데이트된 상태의 내 프로필을 상대방이 금방 찾을 수 있도록 설정하고 알림을 켜두는 것이다. 그 이유는 프로필이 완성되지 않은 사람과는 대부분 관계 맺기를 원하지 않기 때문이다.

커스터마이징을 하자

링크드인에서는 URL을 본인에게 맞춰 커스터마이즈(customize, 주문 제작, 맞춤 제작)하는 일이 꼭 필요하다. 본인의 프로필 사진에서 연필 모양 아이콘의 '소개말 수정'으로 들어가서 연락처 및 URL 수정 항목으로 들어간다. 내 프로필의 URL이 링크드인에서 처음 설정해둔 무의미한 숫자와 알파벳의 나열이라면, 다른 사람들이 내 이름으로 된 프로필을 찾기 어렵고, 또 프로처럼 보이지도 않을 것이다. 누구든 나를 바로 찾아낼 수 있도록 이름으로 설정하거나, 동일 이름이 있을 경우 영문과 한글 이름 모두 넣어 프로필의 URL을 만든다. 특히 영문 이력서 이름과 동일하게 설정해두면 누구든 쉽게 검색이 가능하다.

'고품질'의 '프로페셔널' 프로필 사진과 커버 넣기

프로필이 눈에 띄려면 사진과 커버를 다른 사람보다 개성 있게 보여야 한다. 50% 이상의 사용자들이 사진, 배너가 없거나 프로처럼 보이지 않으면 1촌 신청을 하지 않고 들어온 신청도 수락하지 않는다는 통계 결과가 있다. 타깃으로 삼는 업종 및 포지션의 콘셉트가 녹아 있는 커버와 사진으로 프로필을 꾸민다면 본인이 지향하는 바와 가치 등을 한 번에 알릴 수 있다.

프로필 사진과 커버 사진을 관련 업종의 이미지에 맞추려면 우선 롤 모델을 3~5명 정도 찾아서 면밀히 분석하고 벤치마킹해보면 좋다. 여러 롤 모델들의 사진과 커버를 통해 내가 지녀야 할 이미지가 어느 정도 결정되면, 그에 맞는 프로필 사진을 찍어서 업데이트하고, 프로필 사진이 부각될 수 있도록 커버도 꾸며보자.

링크드인 인플루언서로 활동 중인 브라이언 코치님의 프로필 이미지

출처: www.linkedin.com/in/junyoungyoo

링크드인 인플루언서로 활동 중인 에스더 코치님의 프로필 이미지

출처: www.linkedin.com/in/ehunterkang

헤드라인 최적화하기

링크드인에서는 많은 사람들이 프로필 리뷰를 할수록 내 이력이 더 많이 노출된다. 이를 위해서는 나를 어필할 수 있는 헤드라인을 최적화하는 일이 꼭 필요하다. 프로필 하단에 자신을 나타내는 키워드들을 넣을 수 있는데, 이것은 본인의 거울 역할을 한다. 이는 SEO(Search Engine Optimization), 즉 검색엔진 키워드를 최적화하는 데 가장 중요한 부분이다. 알고리즘상 이 부분을 잘 넣어두면 더 많은 사람들이 내 프로필을 리뷰할 수 있다. 반드시 본인을 나타내는 '검색 가능한' 키워드들을 넣어두어야 한다.

현재 재직 중인 사람들은 잡 타이틀 혹은 잡 포지션 그리고 본인을 나타내는 키워드를 넣고, 현재 학생이거나 구직 중인 사람들은 희망하는 포지션과 어떤 기술을 가지고 있고 열정이 있는지에 관한 키워드들을 넣어보자. 롤 모델 3~5명 정도를 분석하여 그들이 가지고 있는 특성 중 본인에게 적용할 수 있는 포인트를 찾아서 자신의 스타일로 만들어보자. 예를 들어 본인의 경력이 중간관리자급(직급)이고, 맡았던 업무가 마케팅 분석(직무)이라면 링크드인에 다음과 같이 기입한다(잡 타이틀(직급) – Senior Manager, 잡 포지션(직무) – Marketing Analytics).

예를 들어 아래의 '마넥 쿠마르(Maanek Kumar)'는 현재 잡 타이틀(직급)은 '시니어 매니저(Senior Manager)'이고 '졸라(Zola)'라는 회사에서 마케팅 분석(Marketing Analytics) 업무를 담당하고 있다는 것을 보여준다. 데이터 분석을 정말 사랑하고 그에 대한 열정이 있다는 점을 알리기 위해 현재 포지션과 본인이 보여주고자 하는 부분을 명확히 나타냈다.

'예나 비비아노(Jena Viviano)'는 현재 회사에서 일하지는 않지만 커리어 전략가, 강연가 등으로 활동하는 프리랜서이다. 본인

헤드라인 예시

출처: https://www.scienceofpeople.com/linkedin-profile-tips/

의 브랜딩을 위한 키워드들을 활용하여 어느 누가 봐도 관심이 가도록 프로필을 잘 구성했다.

현재 구직 중이라면 예시와 같이 본인을 나타내는 키워드들을 더 넣어주어도 좋다. 반드시 본인이 원하는 포지션에서 일하는 사람들을 벤치마킹할 수 있도록 3~5개 정도 사례를 연구한 후에 정리된 키워드들을 잘 조합해서 넣는다.

매력도를 높이자

앞의 과정들을 완료했다면 이제 모든 필수 카테고리들이 매력적으로 보일 수 있도록 완성하는 일이 남았다. 링크드인의 카테고리는 경력, 학력, 자격증, 스킬, 추천서, 자원봉사 경험 등으로 나뉜다. 각 항목에 팩트만 나열해서는 매력도가 올라가지 않으니 아래 내용들을 참고하여 프로필의 매력도를 높일 수 있도록 작성해보자.

경력

본인이 주도해서 성취했던 프로젝트 혹은 활동을 중심으로 구체적인 단어를 사용하여 작성한다. 마케터라면 일하기 전과 후의 달성률로 자신을 어필할 수 있다. 이와 같이 관련 직종에서 중요하게 여기는 포인트들을 부각할 수 있는 지표가 있다면 꼭 활용할 것을 추천한다. 회사 이름이나 경험을 한 줄 제목으로만 넣는 것이 아니라 본인이 했던 일에서 '내가 어떤 부분을 리드했고 기여했기 때문에 이 프로젝트가 성공할 수 있었다'는 내용을 반드시 구체적으로 나타내야 한다.

학력

학교 이름만 넣는 것이 아니라 배운 과목들, 특히 업무나 프로젝트와 연결되는 과목들을 자세히 적으면 좋다. 과제 중 업무와 직결되는 내용, 객관적으로 누가 보더라도 'Great'라고 할 만한 사례들을 꼭 추가한다.

자격증

학교에 다니면서 취득하는 자격증 외에 본인이 꼭 실제 업무에서 쓰게 될 자격증들을 정리해서 한 달에 하나씩이라도 추가하자. 관심 분야에 따라 그 내용이 다를 텐데, 유료로 사용해야 하는 플랫폼이나 프로그램들을 학생은 모두 '무료'로 사용할 수 있으니 최대한 활용한다.(예를 들어 MS 프로그램, 어도비 포토샵 및 동영상 편집, Linkedin Learning-Lynda.com, Research, SEO keyword 등)

스킬

직종과 바로 연결되는 하드 스킬(Hard Skill)과 본인의 성향과 능력을 나타내는 소프트 스킬(Soft Skill)이 있다. 현재 본인의 포지션 및 원하는 포지션을 결정했다면, 구글 혹은 링크드인을 검색해서 해당 포지션에서 요구하는 것 중에 본인이 가진 스킬과 그 직종에서 가지고 있어야 하는 스킬을 정리해본다. 이후에 1촌이 많아지면 그들이 나의 스킬에 추천을 '검증(Endorsement)' 해줄 수 있다. 내 프로필에 와서 '이 사람은 이러한 능력이 있다고 내가 추천한다'고 표현하는 버튼이다.

추천서

'Ask for a recommendation'을 클릭하면 원하는 사람(1촌만 가능)에게 추천글을 요청할 수 있는데, 가능하다면 5~10명 이상 받아놓으면 좋다.

자원봉사

예전에 했던 하루 1시간의 자원봉사라도 모두 정리해서 넣어둔다. 캐나다는 현지 경력과 봉사활동 경험 등이 상당히 중요하다. 파트 또는 정규직 경력이 없는 학생이라면 반드시 다양한 장단기 자원봉사 경험을 쌓아두고 지속적으로 업데이트하기를 권한다.

링크드인 필수 체크리스트

CATEGORY	YES	NO
고품질, 전문적인 이미지의 프로필 사진과 커버인가?		
URL을 본인에 맞게 재설정했는가?		
헤드라인 및 모든 자격 요건의 내용을 최적화했는가?		
추천글을 5~10개 이상 받아두었는가?		
다른 사람에게 기술에 대한 추천을 받았는가?		
최소 5개 그룹에 가입하고 본인의 포지션이나 산업과 관련된 몇 개의 그룹에서 활발히 활동하고 있는가?		
정기적으로 다양한 기능을 이용하여 링크드인을 사용하고 있는가? (다른 사람 태그, 컨텐츠 댓글, 메세지 회신 등)		
500명 이상의 내가 원하는 대상들과 연결되어 있는가?		
연결 시 각 타깃에 맞는 메시지를 사용하여 컨택하는가?		

*체크 사항을 반드시 점검하고 곧바로 실행하기

소프트 스킬을 진정성 있게 어필하라

소프트 스킬로 맨땅에서 취업하다

대학을 졸업하면서 한창 취업에 도전하던 때였다. 세무학과 동기들은 세무사 시험을 준비하던 시기에 나는 진작부터 세무 업무가 나에게 맞지 않다고 느꼈다. 내가 잘할 수 있고 즐겁게 일할 수 있는 곳으로 취업하고 싶었다.

외국계 제약 회사의 영업직은 나와 잘 맞는 직업이라는 생각이 들었다. 뒤돌아보면 정말 열심히 즐겁게 일했던 것 같다. 입사 시험 가운데 역할극을 하면서 상황에 대처하는 태도를 평가했는데, 그때 큰 점수를 받았다고 한다. 상황에 대처하는 나의 말투, 행동, 협력하는 모습들이 함께 일해보고 싶은 마음이 들었다는 것이다. 아마도 나의 행동에서 보였던 소프트 스킬들은 대인관계 숙련도, 의사소통 기술, 상황 대처 능력, 조직 기술, 문제 해결 능력 등이었을 것이다. 그 밖에 현재 내가 링크드인에서 인정받은 소프트 스킬들은 매니지먼트(Management), 리더십(Leadership), 프레젠테이션 기술(Presentation Skill), 전략적 사고력(Strategic Thinking), 팀 리더십(Team Leadership), 경영 관리(Executive Management) 등이 있다.

기업들이 찾는 소프트 스킬을 강조하라

링크드인의 강점 중 하나는 직접 보여주지 않는 한 알 수 없는 개인의 소프트 스킬들을 정확한 단어로 보여줄 수 있다는 것이다. 링크드인 페이지를 늘 업데이트하고 잘 관리해야 하는 이유가 여기에 있다.

내가 정리한 나의 업무 경력 그리고 링크드인 페이지 내에서 정한 기준 이상의 점수를 받은 나의 하드 스킬과 소프트 스킬들을 취업 혹은 이직할 때 사용하는 방법들을 소개한다. 하드 스킬이 내가 취득한 자격증, 공인 점수 등으로 나타낼 수 있다면, 소프트 스킬은 경력이나 업데이트된 나의 정보를 통해 표현된다. 시간 관리, 소통 능력, 친근감 있는 태도 등 기본적인 업무 능력부터 얼마나 적극적이고 리더십이 있는지 등 회사에서 찾는 인재상에 내가 얼마나 적합한지를 가늠해볼 수 있다.

개인 페이지에서 '보유 기술(Skills)' 항목으로 들어가면 관심 분야에서 요청하는 보유 기술과 내가 나타내고 싶은 보유 기술들을 '기술평가(Take Skill Quiz)'로 테스트한 후 나의 기술로 만들 수 있다.

이렇게 하나씩 테스트를 통과하고 나의 1촌들에게 추천받으면, 내가 가진 하나의 기술로 내 이력서에 남길 수 있는 것이다. 링크드인에서는 내가 입력한 프로필 분야를 참고하여 기술들을 추천해주는데, 그 외에도 더 필요한 기술들은 이러한 추천이나 롤 모델들의 보유 기술을 참고하여 하나씩 늘려가면 된다.

보유 기술 추천 따라 하기

다른 사람들이 보유 기술을 링크드인에 어떻게 올렸는지 그리고 그 사람을 나와 어떻게 연결 지을지를 알아보는 방법은 다음과 같다. 먼저 링크드인에 로그인하고 '마케터'이라는 타이틀을 클릭, 제일 처음 보이는 사람을 클릭한다.

S는 나에게 2촌이다. 아마도 나의 1촌들 중에 그와 1촌인 사람이 있을 것이다. S는 북미의 구글에서 일하는 디지털 마케팅 전략가(Digital Marketing Strategist)라고 나온다. 내가 마케팅 관련 업계에 종사하다 보니, 관련 업계의 인물들이 우선순위로 나타나는 것이다.

그는 대표 보유 기술로 시장조사, 마케팅, 광고(Advertising)를 가지고 있고, 업계 지식으로 소셜미디어 마케팅을 포함하여 19가지 기술을 지니고 있다고 나온다. MS오피스를 도구와 테크놀로지 기술로 보유하고 있고, 대인관계 기술은 팀 관리, 대중 연설 등 4가지를 보유하고 있다. 그리고 기타 기술로 소셜네트워킹을 보유하고 있다.

각각의 기술을 표현하는 단어는 중복되지만 다른 기술로 설명되어 있다. 그리고 각각의 보유 기술들 옆에는 1촌들에게 추천받은 숫자가 적혀 있는데, 대표 보유 기술로 지목된 시장조사는 그 분야 전문가에게 추천받았고 이름도 나와 있다. 한마디로 전문가의 인정을 받았다는 이야기다. S는 자신의 분야에서 인정받은 실력가인 듯 보인다.

S가 일하는 분야가 내가 일하고자 하는 분야와 동일하다면, 그를 롤 모델로 삼는 것이 맞다. 그런데 롤 모델은 꼭 어느 분야에서 이미 성공한 사람일 필요는 없다. 나와 비슷한 직급의 지원자들 중에도 링크드인 내에서 자신의 프로필을 완성해둔 사람들이 많다. 지금 내가 해야 할 일들을 정리하기 위해서는 오히려 이들의 페이지를 눈여겨볼 필요가 있다. 그렇다면 이런 지원자들을 어디에서 어떻게 찾을 수 있을까?

커뮤니티에는 반드시 가입하자

링크드인에 가입하고 나서 우선 내가 원하는 직업군의 기업들을 둘러보는 동시에, 관련 업종 종사자들이 소통하는 커뮤니티를 찾아 가입하기를 권한다. 롤 모델을 찾는 데 도움이 될 뿐 아니라 기업 정보를 확인하면서 내가 기업에서 찾는 인재상에 얼마나 적합한지를 문의할 수 있다. 꼭 특정 기업이 아니더라도 관련 업종 종사자들과 순수하게 인맥을 만들어갈 계기가 된다.

당신이 활발한 커뮤니티 활동을 통해 정보를 주고받는 일을 게을리하지 않기를 바라는 이유가 바로 여기에 있다. 기업들은 인재를 등용함에 있어서 언제나 적극적이고 열정적인 사람을 찾게 마련이다. 커뮤니티 활동은 구직 활동을 하는 동시에 정보를 모을 수 있는 하나의 방법이다.

나를 드러내고 내가 어떤 생각을 하고 있는지를 보여주는 글을 커뮤니티에 작성해서 올리는 것이다. 내가 작성한 글 안에 나의 경험을 통한 소프트 스킬들이 진정성 있게 잘 드러나면 좋다. 그리고 서로의 이야기를 공유하면서 용기를 내어 1촌 신청과 메시지를 보내고, 자연스럽게 지원하는 분야에 대한 정보와 인맥들을 차근차근 쌓아가 보자.

기업들이 원하는 스킬은 무엇일까?

아무리 자기만의 고유한 소프트 스킬이 중요하다 할지라도 기업이 그 스킬을 원하지 않으면 소용없다. 하드 스킬은 대개 경력 기술서나 자격증 등을 통해 증명할 수 있지만, 소프트 스킬은 한 단계 더 들어가서 살펴봐야 하기 때문에, 기업 담당자들에게 좀 더 명확하게 어필할 수 있는 소프트 스킬을 갖추는 것이 필요하다.

전 세계 글로벌 기업들이 링크드인에 올린 모집 공고문을 중심으로 어떤 소프트 스킬을 갖춘 인재를 구하는지 그리고 링크드인에서 자신이 보유한 기술과 기업들이 제시한 자격 조건을 어떻게 비교할 수 있을지에 관해 면밀한 분석이 필요하다. 대표적인 기업들이 올린 모집 공고를 수시로 찾아보고 추가로 갖추면 좋을 소프트 스킬들을 업데이트하는 일 또한 중요하다.

애플

애플(Apple)은 2021년 12월을 기준으로 애플 리테일 비즈니스 팀을 모집 중이다. 링크드인 내에서 지원자가 3명 이상일 경우 다른 지원자와 나의 보유 기술들을 비교 분석하고 링크드인 내의 프로필을 기준으로 합격 가능성을 보여준다. 현재의 모집 조건에서 나는 지원자들 중 상위 50%이며 대표 보유 기술은 리더십, 팀 운영 및 관리다. MS오피스는 다른 지원자들과 마찬가지로 보유하고 있는 데 반해 고객서비스, 팀워크, 팀 관리, 시간 관리 기술은 내가 아직 가지지 못한 기술들이다. 이 분야에 지원하고자 한다면 아직 보유하지 못한 기술들을 더 채워 넣어야 합격 가능성이 더 높아질 것이다.

P&G

비누, 샴푸 등 다양한 소비재를 제조, 판매하는 다국적 기업 P&G는 네트워크 운영 관리자(Supply Network Operations Manager)를 모집 중이다. 다른 지원자들이 보유한 기술은 모두 10개였다. 이 가운데 나는 리더십, 문제 관리, 데이터 분석, 소통 기술을 보유하고 있다. 반면 다른 지원자들이 보유한 파이썬 등은 나에게 없는 기술이다.

아마존

글로벌 온라인 마켓 아마존은 기업의 국제적 확대를 위해 마케팅 매니저를 모집 중이다. 지역은 토론토 온타리오라고 나온다.(2022년 7월 기준) 내가 지원자 150명 중에서 상위 10% 안에 든다고 나오는데, 다른 지원자들이 보유한 기술은 총 10개로 영업, 조직화 기술, 스페인어, 고객관리, 창의적 전략, 시간 관리, 영어, 광고 캠페인, 일본 문화, 콘텐츠 제작이다. 그중 내가 가지고 있는 기술은 영업과 조직화 기술인데, 나머지 8개의 기술은 나에게 없지만 총 지원자 중에서 10% 안에 드는 것이다.

프리미엄 회원 서비스를 활용하자

나는 주변인들에게 링크드인을 사용하고 싶다면 프리미엄 회원 서비스로 활용하라고 권한다. 이미 프리미엄 회원이라면 나의 정보가 어느 정도 업데이트된 상태에서, 내가 지원하고 싶은 회사들 중 채용 공고가 난 회사의 페이지로 들어가 본다. 모집 중인 분야에 나의 자격과 필요한 소프트 스킬이 몇 퍼센트나 맞아떨어지는지 그리고 함께 지원한 사람들 중 나는 어느 정도 합격선 안에 포함되는지를 대략적인 수치로 가늠해볼 수 있다. 기업들이 언제 인재를 모집할지 예상하기 어려울 수도 있으니, 가능하면 내가 이직이나 취직을 구체적으로 생각해보고 있는 기간 동안에는 유료 회원으로 등록해두면 좋다. 무료 회원은 사용할 수 없는 굉장히 유용한 링크드인만의 장점들이 있다.(첫 가입 후 프리미엄 회원을 한 달간 무료로 체험할 수 있다.)

직접 보여줄 수밖에 없는 나의 소프트 스킬을 링크드인에서 어떻게 어필할 수 있을지 방법을 알았으니, 이제 내가 가진 소프트 스킬들을 점검해볼 차례다. 앞서 이 단계를 위해 나 자신을 돌아보는 시간을 충분히 가지라고 조언했다. 스스로 그리고 타인에 의해 객관적으로 검증된 나의 실력들을 하나씩 링크드인 페이지에 업데이트해나간다. 하드 스킬 보강을 위해, 자격증을 따고 검증된 점수를 받는 것과 크게 다르지 않다. 다만 이 과정에서 소프트 스킬이 점수로 환산되지는 않기 때문에 각 소프트 스킬을 어필할 수 있는 적절한 예시들을 가지고 있는 것이 중요하다. 나만의 경험을 이야기하되 너무 꾸미지 않고 진정성 있게 잘 표현할 수 있는 적합한 단어들을 사용하길 권장한다.

트렌드와 링크드인에 맞는 포트폴리오를 공개하라

세상이 점점 빨라지고 있다

최근 광고업계의 트렌드는 10초 내외의 아주 짧은 광고 시간과 제품의 강점만 부각해서 보여준 후에 다음 내용에 대한 궁금증을 유발하는 것이다. 이 같은 트렌드를 가장 잘 보여주는 것이 짧은 시간 안에 많은 내용을 빠르게 스캔할 수 있는 인스타그램의 릴스(Reels), 틱톡(Tiktok) 등이다. 심지어 유튜브에서도 쇼츠(shorts)라고 하는 짧은 영상 콘텐츠를 우선적으로 노출한다. 그렇게 관심을 유도한 후에 이 영상이 정말 말하고 싶은 내용을 클릭하도록 유도하는 것이다. 유행에 민감한 SNS 운영 기업들이 숏컷 영상들을 기존의 게시물보다 더 우선순위에 노출하는 이유는 많은 사람들의 시선이 이곳에 쏠려 있기 때문이다.

그런데 이 같은 트렌드는 비단 광고 분야나 영상 매체에만 해당되는 것이 아니다. 개인의 영역에서도 변화의 속도를 느낄 정도로 사회 전반적으로 매우 빨라지는 추세이다. 이는 취업시장에서도 무관하지 않은데, 과연 이 속도전이 취업시장에서는 어떻게 적용될까?

채용시장은 과거나 지금이나 '속도전'이다

기업들이 전통적인 방식으로 채용하던 과거에도 분명 기업들은 구직자들의 서류를 살펴볼 때 나름의 '속도전'을 썼을 것이다. 기업마다 기준은 다르겠지만, 분명 수많은 이력서에서 1차 서류통과자를 거르는 어떤 시스템이 작동했을 것이다. 구직자의 기대처럼, 꼼꼼하고 세심하게 이력서 행간에 숨은 개인 차이를 구별하는 방식은 적어도 서류전형에서는 쓰기 어려웠으리라 충분히 예상할 수 있다.

그런데 변화의 속도가 빨라짐에 따라 채용시장의 속도는 훨씬 더 빨라졌다. 구직자들의 고민이 깊어지는 이유도 바로 여기에 있다. 예전보다 다양해진 매체로 자신을 홍보해야 하는 것은 물론, 짧은 시간 안에 자신을 강렬하게 부각하기 위한 방법을 별도로 강구해야 하기 때문이다.

온라인으로도 면접이 가능한 지금, 다른 이들을 넘어서서 오롯이 나만이 가진 강점을 어떻게 만들어낼 수 있을까? 그리고 내가 가진 것들을 어떻게 하면 잘 보여줄 수 있을까?

링크드인에서 튀는 방법은 포트폴리오다

링크드인을 활용하는 구직자들도 이런 고민을 한다. 평범한 내 이력서를 어떻게 하면 강렬하게 만들 수 있을까? 무엇으로 나만의 강점을 프로필에서 보여줄 수 있을까 무척 고민될 것이다. 사진도 관련 직업군의 사람들과 어울리도록 찍어서 올려두었고, 커버도 나름 잘 꾸몄다. 그동안 쌓아온 나의 이력들을 잘 정리해서 프로필에 올려두었다. 그렇다면 나는 다른 이들과 다르다는 것을, 당신들의 회사에서 꼭 필요한 인재라는 것을 무엇으로 보여줄 수 있을까?

나는 이럴 때 포트폴리오를 이용해서 좀 더 확실하게 어필해 보라고 권한다. 포트폴리오는 원래 '자신의 실력을 보여줄 수 있는 작품이나 관련 내용 등을 집약한 자료 수집철 또는 작품집'을 말한다. 일반적으로 예술가나 건축가들이 자신의 작품집을 포트폴리오라고 부르고 시각적인 결과물을 통해 성과를 드러낼 때 사용한다. 링크드인에서 활용하는 '포트폴리오'도 본질적인 의미에서 크게 벗어나지 않는다.

링크드인의 포트폴리오를 활용해 나의 강점들을 시각적으로 증명할 수 있다면 내가 어느 분야를 도전하든 포트폴리오는 분명 큰 효과가 있다고 확신한다. 정말 취업에 성공하고 싶은가? 그렇다면 내 인생에서 가장 심혈을 기울여 나의 강점들을 강렬하게 잘 보여줄 포트폴리오를 반드시 만들어라!

'나'라는 브랜드를 상상하자

포트폴리오의 효과를 충분히 드러내기 위해서는 자신을 시각적으로 돋보이게 하는 것이 가장 우선이다. 나를 시각적으로 보여주는 데 가장 필요한 것은 사진이다. 나는 어떤 외모의 소유자인지 프로필의 가장 상단에서 보여준다. 그리고 내가 다닌 학교, 어떤 활동을 했고 성과가 어떠했는지, 교우관계가 어떠했는지, 가지고 있는 자격증, 완성했던 프로젝트들을 나열한다. 그런데 이것이 나를 모두 설명해줄 수 있을까? 전혀 그렇지 못하다는 것을 누구나 알고 있다. 그럼 무엇으로 나를 더 표현할 수 있을까?

이 부분에 대해서는 앞서 이야기한 것들이 있다. 내가 관심있는 분야의 롤 모델들을 찾아내서, 그들의 프로필을 벤치마킹하여, 내가 보완할 수 있는 부분들을 단기간, 장기간으로 나누고, 하나씩 완료하여 내 프로필을 채워가는 것이다. 그리고 링크드인 안에서 '기술평가(Take Skill Quiz)' 혹은 1촌들의 '검증(Endorsement)'을 받을 수 있는 나만의 하드 스킬과 소프트 스킬들을 쌓아간다. 또 나를 추천하는 이들의 메시지들도 하나씩 나의 페이지에 쌓아둔다. 벤치마킹은 다른 사람들의 것을 그대로 복사하는 것이 아니다. 여러 롤 모델들의 좋은 것들을 취해서 나만의 것을 새로 만들어내는 것이다.

무언가를 하는 사람과 하지 않는 사람의 차이는 크다. 일단 시작하고 지속적으로 무언가를 해나가는 사람의 성과는 시간이 흐르면서 쌓이고, 나중에는 단시간에 따라가기 어려운 수준이 될 것이다. 나의 지식도 남의 지식을 빌려와서 재창조될 수 있다는 것을 기억하자. 이것이 바로 벤치마킹의 장점이다.

예를 들어 홈쇼핑 광고를 보면 판매 목적이 가장 크기 때문에 물건의 장점들을 콕 집어서 직접 시범으로 보여준다. 어떤 성능을 가지고 있고, 이 제품이 얼마나 용도에 맞는지, 다른 제품보다 어떤 부분이 더 나은지 등을 하나하나 눈으로 확인시켜주는 것이다. 여기서 포트폴리오의 용도는 나의 강점들을 눈으로 확인시켜 준다는 데 의미가 있다. '나'라는 사람을 상품이라 생각하고 다른 사람들과 어떤 차별점이 있는지, 누구에게도 없는 나만의 강점을 어떻게 홍보할지 고민해보자.

나의 강점을 드러내는 전략 짜기

나라는 브랜드에 대해 포트폴리오에서 비주얼을 강조하고 프로필을 보강하여 임팩트를 주었다면 이제 전략을 짜야 한다. 포트폴리오에서 전략이란 '무엇을 가지고 어떤 방법으로 나를 보여줄 수 있는지'를 의미한다.

전략을 짤 수 있다는 것 자체가 하드 스킬을 하나 보유하고 있다는 의미다. 마케팅 플랜을 세우는 것을 학교 수업이나 프로젝트로 수행했다면 공부했던 것들을 바탕으로 경험치를 최대한 활용해서 포트폴리오를 작성해본다. 하드 스킬 중에서 가고자 하는 분야의 회사와 직군에서 요구하는 스킬을 사용했던 팀 과제, 프로젝트 수행 결과물을 사진, 홍보물, 그래프 등을 활용해서 나타낸다.

소프트 스킬 역시 마찬가지다. 내가 강조하고 싶은 나의 소프트 스킬을 활용했던 경험을 하나의 스토리로 만들어서 간단한 영상물로 제작하면 좋다. 꼭 영상물이 아니더라도 스토리를 보여줄 방법은 많다. 예를 들어 리더십은 혼자 하는 것이 아니므로, 팀원들과 잘 화합하여 성과를 이끌어낸 팀 과제의 경험을 중심으로, 중요한 키워드들을 잘 뽑아내서 PPT로 만들 수 있다. 하고 싶은 이야기가 많더라도 욕심 부리지 말고, 기업에서 요구하는 스킬들의 우선순위를 정해서 이야기를 전개해나가는 것이 중요하다.

분야에 맞는 경험을 찾기 위해서는 롤 모델들의 스킬을 취합

해보고, 내가 가지고 있는 것과 가지고 있지 않은 스킬들을 분류해서, 적합한 잡 포지션에 해당될 만한 일들과 성과들을 정리해보면 좋다. 시간이 걸리더라도 처음에 프로필과 포트폴리오를 제대로 만들어두면 이후 업데이트는 수월하게 진행된다. 그리고 당장은 부족해 보이는 것들도, 단기간 또는 장기간 가능한 것으로 분류해서 하나씩 채워 넣어보자. 몇 시간 혹은 한 달 이내에도 배울 수 있고 자격증까지 취득할 수 있는 것들이 많다. 부족한 것들은 최대한 빠르게 채워 넣어야 한다.

인터넷 도구 활용하기

윅스(Wix), 스퀘어 스페이스(Square Space), 워드프레스(Wordpress) 등은 직접 웹사이트를 만들 수 있는 사이트다. 웹사이트든, 5~10분 안에 보여줄 수 있는 영상이든 인생 커리어 지도를 만들어두면 굉장히 유용하다. 물론 MS오피스 같은 간단한 도구를 사용하여 성의 있게 나의 커리어 포트폴리오를 PPT로도 만들 수 있다. 그리고 틱톡과 유튜브 등 동영상 SNS도 활용해보자. 물론 공적인 용도로 사용하는 계정을 미리 만들어서 연결해두는 것이 좋다.

최근 빅데이터를 활용한 UX(User Experience, 상품에 대해 전혀 모르던 사람이 상품을 알아가면서 이용하고 좋아하는 단계까지 이르는 과정 Sales

Marketing Funnel을 업데이트하고, 배운 것들을 웹사이트에 구현하는 것)을 다루는 UI(User Interface, 사용자 인터페이스, 사용자가 컴퓨터와 대화하기 위한 기호나 명령체계) 분야의 업무가 늘고 있다. 대부분의 분야에서 사람들의 경험을 바탕으로 분석하는 빅데이터가 필수이기 때문이다. 우리나라에서 사용자 경험은 디자인 요소로 인식되어 UI/UX 디자인으로 한꺼번에 묶어서 쓰이는 경우가 많다.

UX의 의미는 사용자가 제품 및 서비스를 사용할 때의 지각과 반응을 더한 종합적 판단에 의한 인지의 결과이다. 조금 풀어서 말하면 "사용자가 해당 서비스를 어떻게 경험했고, 그 과정에서 어떻게 반응했으며, 이를 통해 해당 서비스를 어떻게 생각하는가"이다. 이처럼 UX는 가장 사용자 지향적인 평가 기준이다. 모든 제품과 서비스의 판매는 고객 중심으로 이루어지기 때문에 사용자가 어떻게 느끼고, 어떻게 반응하며, 어떻게 생각하는지가 중요하다. 제약 분야에서 환자의 병의 진행 상황을 반영해서 의사와 상의할 수 있도록 도와주는 지표인 환자 여정 지도(Patient

UI/UX의 의미

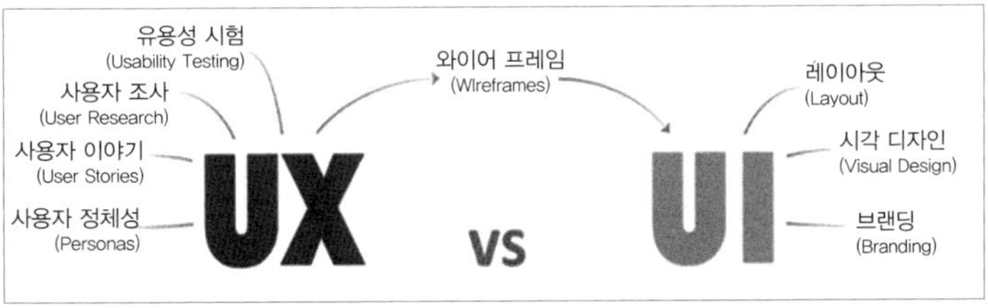

출처: dbdlab.tistory.com

Journey Map)에도, 거주 지역을 중심으로 중고거래를 도와주는 당근마켓에도 사용자 경험 관련 데이터가 크게 활용되고 있다. 사람들이 어떤 경험을 할 때 포스팅이나 후기를 올리는지를 분석한 데이터들을 살펴볼 수 있는 사이트도 많다. 빅데이터를 활용할 수 있는 사이트들을 잘 알아두면, 포트폴리오 작업에도 활용 가능하고, 또한 기업들을 더 잘 파악할 수 있다. 면접에서 뻔한 질문에 답변하다 내가 질문해야 할 시점에는 회사에 대해 분석한 것과 포트폴리오를 통해 나를 강렬하게 보여주어야 한다. 여러 인터넷 도구들을 활용하면 학생 신분으로도 충분히 나를 보여줄 수 있다는 자신감을 가지자. 다음은 이와 관련된 예시 내용이다.

세일즈 마케터의 포트폴리오

그동안의 성과를 한눈에 알아볼 수 있도록 수치(마케팅 효과로 얻은 성과를 나타낸 수치)를 그래프로 표현한 프로젝트 결과물을 자료로 제시한다.

기업 트레이너의 포트폴리오

승무원 트레이너의 경우 교육 자료나 프로세스 셋업 과정에서 기존에 없던 프로세스를 만들어 제로베이스에서 어떤 변화를 일으켰는지, 이런 교육과정을 개발해서 어떻게 교육했고 얼마만큼의 효과가 있었는지 등을 제시한다.

대기업 코치의 포트폴리오

강점 개발 코치, 경력 개발 코치, 감정 코치, 프로젝트 코치 등이 있으며, 어느 과정에서든 1. 메시지 전달 2. 메시지 포인트 잡기 3. 메시지 포인트의 성과를 낼 수 있도록 직원들과 임원들을 코칭해줄 트레이너를 대기업에서 활용하기도 한다. 코칭했던 내용, 과정, 성과 등을 제시한다.

주의할 점과 기억해야 할 점

소유자가 저작권을 표현할 수 있는 All right reserved, watermark 등으로 다른 이들이 완전히 카피하지 못하도록 꼭 표시해둔다. 내가 다른 이들을 벤치마킹할 때도 마찬가지다. 내가 하지 않은 것을 잠시 내 것으로 표시할 수 있다는 착각은 절대 금물이다. 참고하여 나만의 것을 만들고 꼭 표시해두어 서로가 카피의 유혹에 빠지지 않도록 주의한다. 프로필과 포트폴리오는 지금 내가 가지고 있는 것들을 최대한 잘 드러낼 수 있도록 만들고, 가능할 때마다 업그레이드를 해두는 것이 좋다. 온라인의 장점은 내가 가진 것이 3가지밖에 되지 않는다 하더라도, 도구를 잘 선택하고 관계를 잘 맺어 열심히 활동하여 내 것으로 만들어갈 때 그 효과가 30배, 60배, 100배의 장점이 될 수 있다는 것임을 꼭 기억하자.

저자의 대학 졸업 당시 포트폴리오

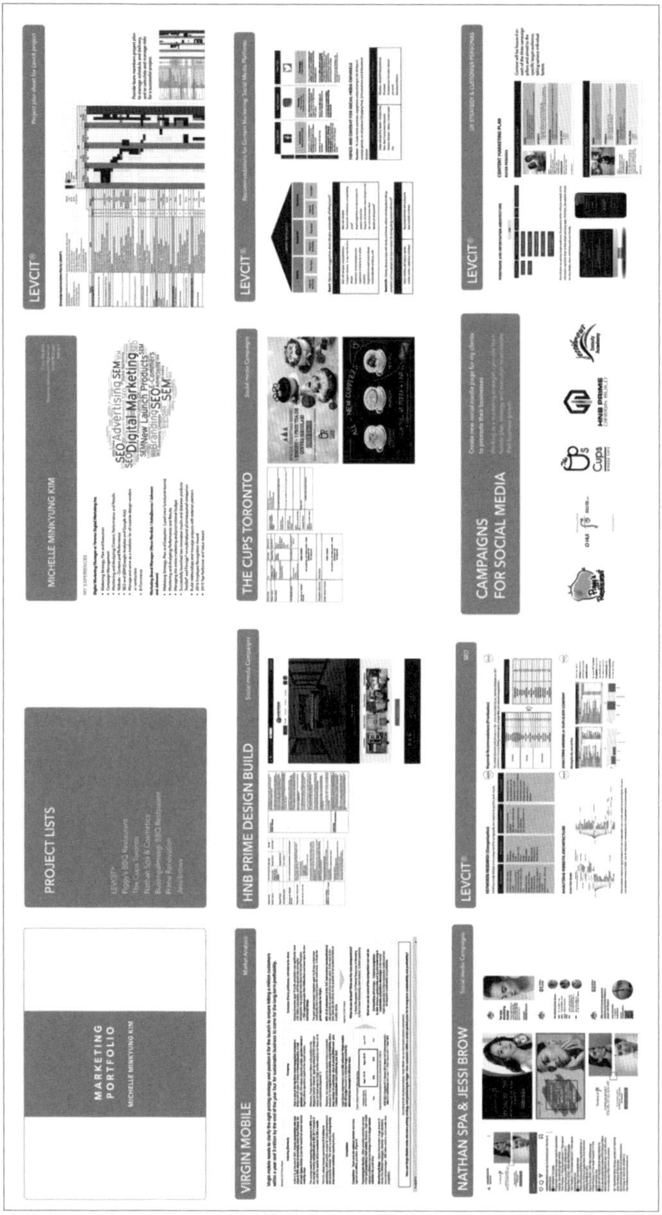

관심 분야 사람들과 활발하게 인터랙션하라

관심이 같으면 쉽게 친해진다

같은 모국어를 쓰는 사람들도 서로의 관심사가 다르면 대화를 나누기가 쉽지 않다. 반대로 관심사가 비슷하거나 같다면 어떨까? 서로의 성향이나 상황에 따라 다를 수 있지만, 일단 관심사가 동일하다는 것만으로도 대화가 시작될 수 있다. 그런 후 주고받는 이야기가 곁가지를 치듯이 자연스럽게 대화가 이어지면서 관계가 좀 더 가까워질 수 있다. 이런 경향은 오프라인은 물론이고 온라인으로도 이어질 수 있다. SNS나 링크드인에서도 관심 분야가 같은 사람들과는 대화가 끊어지지 않고 서로 암묵적인 네트워크가 형성될 가능성이 크다. 이런 네트워크는 관련 이슈가 생겼을 때, 함께 정보를 공유하고 나누는 데까지 이어지므로 서로에게 시너지 효과를 낼 수 있다.

커뮤니티 활동으로 사람에게 접근하다

해외 취업을 염두에 두고 있던 D는 나를 통해 링크드인을 알게 되어 가입했다. D는 내 가이드에 따라 처음부터 차근히 프로필을 채워나갔고, 관심 있는 분야의 커뮤니티에 가입하고 롤 모델이 될 만한 사람들을 찾아다니며 1촌 신청을 했다. 그런 뒤 조심스럽게 만남을 신청했다. 만남 신청을 하면서도 D는 1촌이 이루어지리라는 기대는 없었다. 그러나 정성스럽게 메시지를 보내고 답이 오면 성실하게 답변을 보내는 일을 계속했다.

D는 이런 과정을 거치면서 내게 이렇게 말했다.

"실제 만남이 이루어지든 아니든 그게 중요하지는 않는 것 같아요. 중요한 것은 제가 계속 링크드인에 링크되어 있다는 사실이 아닐까요?"

나는 그런 D를 응원해주며 관심 분야에 있는 사람들에게 초점을 맞추도록 독려했다. 마침 내가 관심 있는 분야에 D도 관심이 있었기에, 나와 같은 몇몇과 1촌을 맺고 난 이후 자연스럽게 같은 분야의 중요한 사람들과 1촌을 맺게 되었다.

그런데 사실 D가 더 열심히 한 것은 1촌 맺기보다 커뮤니티 활동이었다. 1촌을 신청하든 만남을 요청하든 용기가 필요한 일이다. 아무리 정성을 들인다 한들 무언가 억지스러운 느낌을 지울 수 없다. 그런 느낌을 없애기 위해 커뮤니티에서 자신의 이야기를 잘 풀어내 보여주었다. 관심 분야의 여러 커뮤니티에 가입하고 활동하면서, 활동이 겹쳐지는 사람들을 알게 되었고 자신과 비슷한 상황에서 구직과 이직을 고민하는 이들과도 자연스럽게 알게 되었다. 누구나 그렇듯이 모르는 사람들과의 만남은 어색하기 마련이다. 그 어색함을 타파하기 위해 D는 커뮤니티 활동을 통해 매끄럽게 인맥을 형성하고, 자연스럽게 궁금증을 풀어가는 관계로 만들었다.

링크드인에 링크된 이상 영어 실력은 상승 중

링크드인은 관심 분야의 사람들과 이어주고 취업 및 진로를 선택할 때 도약할 수 있는 발판이 되어주는 최고의 무기이면서 의외의 성과를 얻게 해준다. 의외의 성과란 바로 영어 실력 상승이다. 링크드인으로 다른 사람들과 활발히 메시지를 주고받고 자신을 소개하고, 또 커뮤니티 활동을 하다 보면 실전 영어 실력을 키우는 데 큰 도움이 된다.

A는 처음 캐나다에 왔을 때 본인 생각으로는 자신의 영어 실력을 기준 미달이라고 여겼다. 많은 한국인들이 그러하듯 토익과 토플 점수는 나쁘지 않았지만, 실제로 영어를 말하고 듣는 것

이 자연스럽지 못했기 때문이다. 일상생활은 어느 정도 가능했지만, 구직을 하기에는 턱없이 부족한 실력이었다. A는 파트타임 아르바이트와 공부를 동시에 하면서 구직 활동도 놓치지 않았다. 하지만 영어 실력이 좋지 않아 절박한 상황이었다. 영어 공부를 어떻게 하면 효과적으로 할 수 있을지를 고민하던 중 지인을 통해 나를 소개 받게 되었다.

나는 영어에 대한 고민이 컸던 A에게 링크드인을 소개하면서 2가지 방법을 추천했다. 먼저 링크드인에서 롤 모델을 찾아 1촌 신청을 하면서 영어로 만남을 요청하는 방법이다. 한 번으로 끝날 메일이나 메시지를 보내지 말고 지속적으로 연락을 주고받을 수 있도록 이메일을 쓰는 방법을 공유하고(인디드 Indeed와 같은 사이트를 공유하고 참고할 수 있도록 도와주었다), 함께 공부하는 사람들과도 최대한 수준 높은 영어를 구사할 수 있도록 자주 사용하는 단어들과 문장들을 시간을 들여 다듬도록 권유했다. 그리고 링크드인에서 1촌을 맺은 이후에도 직접 만나지는 못하더라도 줌이나 구글 밋 등으로 만나 이야기하는 시간을 만들어가기를 권했다. 추가로 토론토 사람들이 사용하는 메신저 또는 연락처를 주고받아 인연을 계속 이어나가는 방법도 추천했다.

나의 경험으로 보면 관심 분야의 인물들을 추려서 짧게라도 만남을 요청하는 경우 대부분 흔쾌히 수락해주었다. 정말 상황이 안 된다면 전화로라도 대화하고 이메일이나 메시지를 통해 언제든 연락할 수 있도록 마음을 써준 사람들이 많았다. 그런 경험들을 통해 나의 분야에 관심을 가지고 열심히 질문하는 사람들을 매몰차게 내치지 않는다는 것을 알게 되었다. 크든 작든 도움을 주려고 하는 사람들이 많으니 A에게도 주저하지 말고 용기를 내보라고 권유했다. 그 과정에서 자연스럽게 업계 사람들이 사용하는 용어나 문장들에 친숙해질 수 있고, 계속해서 사용하는 표현들을 업그레이드하면서 처음에는 어색했던 문장들과 표현들이 어느새 자연스럽고 매끄럽게 나오는 것이다.

내가 제안한 방법은 결국 영어를 쓰는 것과 말하는 것, 동시에 듣는 것을 억지로 공부한 것이 아니라, 나의 관심 분야에서 만나는 사람들과 자연스럽게 소통하면서 습득하는 것이다. 내가 억지로 공부한 것이 아니라, 관심사가 비슷한 사람들과 이야기를 나누며 자연스럽게 관계를 맺고 얻어낸 소중한 결과물이다. 누구든 그 과정에서 한 단계씩 올라가는 성취감을 누리며 동시에 보람도 얻을 것이라고 확신한다.

활발히 구직 중인 D와 영어 실력이 올라간 A

커뮤니티 활동을 열심히 했던 D는 지금도 여전히 아르바이트를 하며 구직 활동 중이다. 그녀는 커뮤니티 활동을 하면서 알게 된 1촌들 몇몇과 스터디팀을 꾸리고 관심 분야의 선배들을 혼자 만나기는 아무래도 어색해서 처음에는 그룹으로 만남을 요청했다고 한다. 캐나다에서 학생 신분으로 롤 모델을 찾아다니며 궁금한 점들을 풀고 정보를 얻기 위해서는 내가 잘 갖추어지든 아니든 단독으로 만남을 가지는 것이 좋다.

하지만 혼자 만나기 부담스럽고 어색한 것도 사실이기에, 여러 지인들과 함께 그들의 지인 혹은 1촌들을 함께 만날 수도 있다. 업계 분위기, 거주하는 지역의 취업 분위기, 실제 업무의 장단점들, 해외에 거주하며 겪은 일들, 비슷한 어려움을 토로했을 때 받은 도움의 손길 등을 비롯해 혼자서는 생각해낼 수 없고 물어볼 수 없는 이야기를 들을 수 있기 때문이다.

D는 그렇게 알게 된 업계의 선배들을 롤 모델로 삼고 1촌을 맺어나가다 보니 어느 정도 해야 할 일들과 가져야 할 마음가짐, 준비해야 할 자격증, 미리 해두면 좋은 것들을 좀 더 구체적으로 확인하고 정리할 수 있었다. 혼자서는 하지 못했을 일들, 어쩌면 코로나19 시국에는 더더욱 어렵게 느껴질 일들이다.

그사이 업계에서 유명한 회사에 근무하는 롤 모델 1촌의 추천으로 그동안 업그레이드한 이력을 가지고 면접 기회를 얻었다. 머나먼 꿈의 직장으로만 여겼던 곳이라 면접만으로도 엄청난 기회를 얻은 것 같았다. 아쉽게도 면접을 통과하지는 못했지만 꿈꾸며 노력하다 보면 뭐든 잘할 수 있을 것 같은 용기를 얻었다고 한다. 그동안 준비해왔던 것들을 좀 더 떨지 않고 자연스럽게 어필할 수 있었으면 좋았겠다는 아쉬움이 있지만 지금은 여기까지가 최선이라는 생각이 들었다는 것이다. 동시에 조금 더 분발해서 애쓰고 있는 것들이 더 빛을 발하게 하겠다는 다짐을 했다고 한다. 중국에서 온 A는 현재 캐나다 현지 IT업계에서 근무하고 있다. 예전에는 영어를 한마디도 못하는 수준이었는데, 지금은 기본 회화뿐만 아니라 업무에서도 스스럼없이 커뮤니케이션할 수 있게 되었다. 그래서 A군은 "내게 최고의 영어 선생님은 링크드인"이라고 말하기도 한다.

링크드인의 매력과 강점

해외 취업에서는 한국과는 다르게 포지션 공고가 뜨면 추천에 의해 면접을 볼 기회가 주어진다. 공채보다 수시 채용이 많다. 이런 자리에 지원할 기회를 얻기 위해서는 당연히 인맥이 중요하다. 물론 실력은 두말할 것도 없다. 지극히 사적인 관계가 아니라면 늘 준비된 모습을 보여주는 것이 중요하다는 점을 꼭 기억하기 바란다.

링크드인의 가장 큰 장점은 관심 분야의 사람들과 활발한 소통이 가능한 플랫폼이라는 것이다. 내가 IT 업계에 관심이 있다고 가정해보자. 이때 어디서 이 분야의 전문가를 찾을 수 있을까? 어디에서 내가 모범을 삼을 만한 롤 모델을 만날 수 있을까? 링크드인이 그 해답을 제시해줄 수 있다. 거기에 영어 실력, 그것도 실제 취업시장과 현지에서 잘 통하는 영어 실력도 덤으로 키울 수 있으니 이보다 더 좋을 수 없다.

Linkedin

5장

나의 가치를 2배로 끌어올리기

좋은 추천서 많이 받는 방법

기회가 왔다

2021년 11월부터 지금까지 경상대학교, 한국영상대학교 등 대학생들을 대상으로 해외 취업 강의를 해왔다. 아직 정식으로 입사하지는 않았지만 인턴, 아르바이트 등으로 사회에 발을 들여놓기 위해 애쓰는 모습을 볼 수 있었다. 줌으로 진행된 비대면 강의임에도 학생들의 해외 취업 열정이 새삼 크게 느껴져 마음이 뭉클했다. 원하는 직업 분야에서 사회 초년생으로 발돋움할 수 있는 무한한 가능성을 지닌 그들을 보면서 내 마음까지 설렜다.

2020년 초 시작된 코로나19는 전 세계를 강타하고 여전히 완전히 사라지지 않고 오히려 전 세계 구석구석 영향을 주고 있다. 팬데믹 초반에는 많은 사람들이 이 상황을 어떻게 극복해야 할지 고심했다면, 이제는 어느 정도 여러 방안들이 제시되어 의약품, 관광, 학습 등 모든 영역에서 코로나19와 함께하는 상황을 이어나가고 있다. 사회 초년생들에게는 취업이 가장 큰 관심사일 것이다. 국내 취업만을 목표로 하는 것이 아니라면 오히려 지금의 변화가 취준생들에게는 역전의 기회일 수도 있다. 재택근무가 늘었고, 줌이나 구글 밋 등으로 온라인 면접을 볼 수 있으니 말이다.

이 기회를 잘만 활용한다면 얼마든지 취업시장의 문을 열 수 있을 것이다. 나는 늘 문을 두드리는 용기 있는 자에게는 분명 문이 열리고 원하는 기회가 주어진다는 것을 강조해왔다. 최대의 품을 들여서 자격 조건들을 획득하고, 그것을 바탕으로 자신감 있게 문을 두드렸다면 이후에는 지금까지 쌓아온 실력을 발휘해야 한다. 일에 대한 열정, 진정성 있는 마음, 최선을 다하는 노력들이 나의 실력이 잘 발휘되도록 도울 것이다.

추천서는 많을수록 좋다

취업은 자기 손에서만 끝나는 일이 아니다. 현실적으로 보면 내 손을 떠나는 순간 취업의 당락이 결정된다고 해도 과언이 아니다. 이번 글에서는 지금까지 소개한 내용을 자양분 삼아 나의 프로필을 누가 봐도 매력적으로 보일 수 있도록 업그레이드할 수 있는 방법을 소개한다. 실제로 나도 이 과정을 통해 큰 성과를 얻었는데, 가장 강력한 방법은 바로 추천서를 많이 받는 것이다. 특히 해외 취업에서는 추천서를 잘 받는 것이 앞으로 커리어에 큰 영향력을 발휘한다. 추천서는 많을수록 좋다. 5~10개 이상은 꼭 받을 수 있도록 충분한 정성과 노력을 기울이기를 당부한다.

학교 교수님들과 선배님들, 최근까지 같이 일한 동료나 동기보다는 사수들 그리고 함께 프로젝트를 했던 사람들을 우선순위로 두고 평소에 일상적인 메시지를 자주 주고받는 것이 가장 중요하다. 거듭 일상의 이야기를 강조하는 것은, 일상의 관계에서 나의 진실되고 객관적인 모습이 드러나기 때문이다. 추천서를 주고받더라도 부담스럽지 않을 수 있고, 서로를 잘 알고 있으니 나의 장점을 위주로 이야기해줄 수 있다. 그리고 내가 추천서를 요청해야 하는 사람에게 먼저 추천글을 써주는 것도 하나의 팁이다. 그렇다면 어떻게 해야 양적인 면에서 추천서의 개수를 풍부하게 채울 수 있을까? 내가 사용한 방법은 다음과 같다.

우선 첫째도 열심히, 둘째도 열심히 하는 것이다. 고전적인 방식이지만 성실만큼 좋은 태도는 없다. 나는 3년 전 캐나다 대학에서 공부를 시작할 때만 해도 영어를 잘하지는 못했다. 하지만 수업에 열정적으로 참여하기 위해 꾸준히 준비한 질문을 하고, 발표에도 열심히 참여했다. 특히 발표 시간에는 부족한 영어 실력을 채우기 위해 밤새 외우기도 하고, 팀 과제에서는 교수님께 양해를 구해 나의 부족한 부분들을 메워줄 현지인 친구들과 함께할 수 있도록 요청했다. 계속해서 이어지는 프레젠테이션에서 여러 번 1등을 했었는데, 교수님들은 영어보다 팀 내에서 내가 교수님들은 영어보다 팀 안에서 내가 팀을 효과적으로 리드, 팀원들과의 협력 그리고 전체적인 전략과 플랜을 잘 세워 실행했던 부분에 큰 점수를 주었다고 한다. 이러한 성취들을 통해 교수님들의 눈에 단연 지치지 않고 끝까지 노력하는 학생으로 보여질 수 있었다. 그리고 그러한 인연을 잘 이어가서 정성스러운 추천서를 받을 수 있었다. 이러한 추천서는 당연히 나의 취업과 커리어에 큰 도움이 되었다.

둘째는 본인과 연관 있는 교수님이나 직속 상사뿐 아니라, 한 단계 걸쳐 있는 사람들에게도 추천서를 받는 것이다. 처음 링크드인을 시작할 때는 전 직장의 상사들에게 받은 추천서 1~2개뿐이었다. 이것으로는 승부를 걸 수 없을 것 같았다. 신입사원이나 사회에 첫발을 딛는 사람이라면, 아무리 열심히 성실하게 한다 해도 양적인 면에서 개수를 늘리기가 쉽지 않다. 그래서 교수님은 물론 인턴십을 했던 프로젝트팀의 상사, 잠깐이라도 근무했던 직장의 상사들와 동료들에게도 추천서를 받았다.

피터 솔랄라 교수님은 나의 부교수였는데 나의 프레젠테이션 능력과 평소에 적극적으로 참여하는 모습을 보고 리더십 있는 적임자라는 내용으로 추천서를 써주어 내가 졸업하기 전에 취업하는 데 도움이 되었다. 또한 함께 일했었던 라홀 라빈드란의 추천서도 많은 도움이 되었다. 다음은 그들이 써준 추천서다.

〈추천서 예시〉

세네카 대학의 교수 중 한 사람으로서, 저는 미쉘이 굉장히 헌신적인 학생이었고, 모든 면에서 재능 있는 전문가라는 것을 알았습니다. 학문적으로 그녀는 항상 반에서 탑이었고, 완벽하게 작업을 했으며 지치지 않게 일했습니다. 미쉘의 비즈니스적인 통찰력은 그녀의 연구, 계획 및 프로젝트 구성을 통해 빛났으며, 리더십 능력은 그룹 멤버들이 일을 잘 완성할 수 있도록 비전, 지지 및 동기를 부여합니다. 미쉘은 모든 일에 마음 다해 헌신하고, 약속을 이행하며, 매우 정직하고, 윤리적이고, 책임감 있는 사람입니다. 저는 미쉘이 어떤 도전에도 맞부딪혀 성장할 수 있는 준비가 잘 되어 있고, 그녀의 대인관계, 의사소통, 문제해결 능력이 비지니스적으로 도움이 될 것이라고 믿습니다. 미쉘은 분명히 어떤 조직에서든 긍정적인 자산이 될 것입니다.

피터 솔 랄라(Peter Solala)
비즈니스 교육자, 미디어 판매 및 마케팅 임원, 전략 기획, 비즈니스 개발 및 성장
(Business Educator, Media Sales & Marketing Executive, Strategic Planning, Business Development & Growth)

미셸과 함께 일한다는 것은 기쁜 일입니다. 미셸은 타고난 리더이자 목표 지향자, 팀 플레이어이며 뛰어난 매니저입니다. 토론토 디지털 마케팅에서 함께 일할 기회를 가졌었고, 미셸의 가이드는 언제나 실용적이고 유용한 것이었습니다. 마케팅 및 영업 목표를 세워 목표를 달성함에 있어 성공적인 기록들을 가지고 있고 함께 일하면서 늘 마케팅과 영업 목표나 골을 초과 달성하였습니다. 미셸은 어떤 팀이나 조직에 있어 소중한 자산이 될 것입니다.

라훌 라빈드란(Rahul Ravindran)

선임 분석가(Senior Analyst at PHD)

추천서의 질을 높이는 4가지 방법

추천서를 많이 받는 것뿐 아니라 수준도 높여야 한다. 나를 잘 아는 교수님들, 선임들, 동료들의 추천서를 받는 것만으로도 감사한 일이지만, 정말 잘 쓰여진 추천서 하나가 평범한 추천서 여러 개보다 낫다. 정성스러운 추천서들은 당연히 모두 소중한데, 사실 처음부터 이런 추천서를 받을 수 있는 것은 아니다. 후배나 후임, 내 학생이 무언가를 잘해냈을 때 칭찬하는 것만으로도 마음 쓰는 일인데, 하물며 시간과 정성을 들여 추천서를 작성한다는 것은 정말 큰 수고가 필요한 일이다. 추천서의 질을 높이는 방법은 크게 4가지다.

첫째, 상대에게 추천서를 부탁할 때는 반대로 생각해본다. 내가 누군가에게 추천서를 부탁받았다면 어떻게 써줄지 상상해보는 것이다. 입장 바꿔 생각한다면 추천서를 부탁할 때 내 자세가 어때야 하는지 가늠할 수 있다. 과연 나는 상대방의 추천서를 얼마나 잘 써줄 수 있을까? 아마 상대에 대한 태도부터 점검하고, 상대가 나와 일했을 때 어떻게 행동하고 성과를 냈는지를 떠올릴 것이다. 이렇게 하나씩 생각해나가면 부탁하는 입장에서 추천서를 어떻게 요청하면 좋을지 답을 찾을 수 있다.

둘째, 나의 강점이 무엇인지 구체적으로 짚어서 추천서를 부탁한다. 예를 들어 영업 분야에 지원할 사람이라면 전반적인 추천서 내용이 영업에 필요한 추진력, 포기하지 않는 끈기, 칠전팔기의 정신, 거절과 제안을 두려워하지 않는 강인한 정신을 소유한 인재라는 말이 들어가면 좋다. 상처받을 것을 두려워하지 않고 겉으로 잘 드러나지 않으면서 '포기를 모르는 사람'이라는 말로 나를 추천해주면 좋겠다고 부탁하는 것이다.

서비스 분야에 지원할 사람이라면 친절하고 다정한 예의 바름이 일상에 묻어나며, 다른 이들을 배려하고 살피는 데 적극적이며, 일처리에 있어서 세심하고 깔끔하고, 서비스 마인드가 잘 갖춰진 사람이라는 것을 어필해달라고 요청하는 것이다. 나를 객관적으로 잘 알거나 나의 업무 능력을 판단할 만한 사람들에게 요청하는 것이 가장 좋다. 상대방에게 이런 부탁과 요청을 하기가 부담스럽지 않으려면 평소에 친분을 잘 맺어두어야 한다는 점을 기억하자.

셋째, 평소 인맥 관리를 잘해두어야 한다. 그리고 이때는 실제 행동으로 나타나야 한다. 내가 추천서를 부탁했을 때 잘 써줄 수 있는 사람이 과연 몇 명이나 될까 싶겠지만, 받는 사람과의 관계를 생각했을 때 정성을 쏟을 만하다면 이야기는 달라진다. 앞서 계속 강조했던 것이 바로 인맥을 잘 만들어가는 것이다. 누군가의 첫인상이 관계 형성에 큰 영향을 미칠 수 있는 것도, 상대를 향한 마음과 나의 평소 마음가짐이 얼굴에 드러나기 때문이다. 계속해서 만남을 이어가는 동안 자연스럽게 열심히 노력하는 모습이 묻어나려면, 매 순간 최선을 다하는 모습을 보여주면 된다. 말로는 무엇인들 쉽지 않을까 싶지만, 그 말들을 기억하고 행동으로 실천하기 위해 매 순간 노력한다면 어디에서든 빛을 발할 것이다. 관계를 이어나감에 있어서도 마찬가지다. 업무 관계에서도 내 삶의 기본 자세가 드러날 수 있다.

넷째, 평소 사소하게 만난 사람들과도 인연을 잘 맺어두자. 세상은 의외로 좁다. 어느 자리, 어느 순간에도 사람에 대한 기본적인 예의와 배려심은 놓지 말아야 한다. 더 나아가 관계를 유지하기 위해 조금이라도 노력을 기울인다면 훨씬 더 좋은 성과로 돌아올 것이다.

노력을 기울인 관계에서는 그 마음이 어디에서 얼마나 더 크게 드러날 수 있을까? 당연한 말이지만 노력하는 사람에게 대가는 자연스럽게 따라온다. 평소 교수님, 인턴십을 했던 직장의 선임 혹은 매니저, 이전 직장 선임과 동료들, 아르바이트했던 회사의 관리자들과 어떤 관계를 맺고 있는지를 생각해보자. 꼭 추천서가 목적이 아니라도, 내가 어느 분야에서 일하고 싶은지, 어느 분야에서 나의 실력을 잘 드러낼 수 있을지를 알아줄 만한 사람들이다. 그렇다면 이들이 나에게 추천서를 써줄 수 있다.

이러한 관계에 정성을 기울이지 않는 사람이라면, 사실 업무를 추진하는 과정에서 많은 사람들과 소통하는 일을 소홀히 할지도 모른다. 내가 어느 곳에 있든지 그 손을 잘 잡고 있기 위한 노력을 계속해야 한다. 언제, 어디서 이들을 다시 만나게 될지 모를 일이다. 이들과의 관계가 업무를 추진할 때 서로에게 윈윈하는 문을 열어줄 수도 있다.

추천서를 요청할 때는 이렇게 하자

추천서를 부탁한다고 해서 모두 다 잘 써주지는 않는다. 상황이 여의치 않을 수도 있고, 상대 역시 정성을 다하지 않을 수도 있다. 여러 상황을 고려해서, 직장, 학교, 그 외의 관계로 형성된 인맥들에게 추천서 요청 메시지를 보낼 준비를 한다. 추천서를 요청할 때는 3단계로 메시지를 쓰는 것이 좋다. 맨 먼저 상대의 안부와 상황을 묻는 글로 시작한다. 메시지 자체는 짧고 간결하게 쓰되 나의 필요에 의해 연락했다는 인상을 주지 않도록 최대한 정중하게 상대의 근황을 묻는다. 그런 다음 정성스럽게 단어를 골라 추천서를 요청하게 된 경위를 설명한다. 제출해야 할 곳을 소개하고 그곳에서 일하려는 이유도 간략히, 그러나 설득력 있게 전달하면 좋다.

마지막으로 추천서를 써달라는 요청의 말을 넣는다. 이때도 본론만 말하지 말고 왜 상대에게 연락하게 되었는지를 설명한다. 3가지 중 가장 집중해야 할 단계는 두 번째로 더 상세히 설명하고 강조할 것을 권한다. 코로나19 상황이 완화되어 직접 만날 수 있다면 우선 만나서 요청하는 것이 가장 좋다. 자연스럽게 관계를 형성한 후 상대방에게 나의 장단점에 대한 의견을 묻는 것이, 어색한 관계에서 물어보는 것보다 훨씬 더 쉽지 않겠는가.

링크드인으로 추천서 받는 방법

추천서는 어떤 방법으로 받을 수 있을까? 이메일로 받아서 저장하는 것이 보통이다. 한국에서 주로 이용하는 취업 사이트는 자세한 이력서나 추천서를 확인하기 어려운데, 링크드인에서는 이 모든 것이 가능하다. 그래서 링크드인이 취업과 이직을 준비하기에 최적의 시스템이라는 것이다.

처음 누군가의 링크드인에 접속하면 맨 먼저 프로필 사진과 커버 이미지를 마주하게 된다. 스크롤해서 내려가다 보면 추천서 공간이 있는데, 우리에게 친숙한 인스타그램이나 페이스북, 트위터에서 볼 수 있는 '좋아요'를 링크드인에서는 추천서 양으로 느낄 수 있다고 생각하면 된다. 이 사람에 대한 호응도, 그동안 다져온 인맥 속에서 주어진 일들을 어떻게 해왔는지가 여기에 드러난다. 그래서 추천서는 나를 잘 어필할 수 있는 중요한 공간인 것이다. 그렇기에 상대방의 추천서를 이곳을 통해 받아두는 것이 좋다. 특히 해외 취업에서 북미와 유럽 어디에서나 링크드인이 크게 활용되고 있다는 것을 고려할 때 더욱 그렇다.

지원자가 받은 추천서들을 확인해보는 것만으로도 업무에 적합한 사람인지, 함께 일하고 싶은 사람인지 충분히 드러날 수 있다. 최대한 링크드인으로 추천서 받기를 원한다면 링크드인을 통해 부탁한다. 추천서에 있는 연필 모양 아이콘으로 들어가 특정 인물이나 개인적으로는 잘 알지 못하더라도 업무적으로 만난 적 있는 사람들을 찾을 수 있다. 링크드인에 아직 가입되어 있지 않은 사람에게 추천서를 부탁해야 한다면 링크드인 가입과 추천서 작성을 동시에 요청하는 것이 좋다. 다음 이미지는 링크드인에서 추천서를 요청 방법이다.

링크드인 추천서 요청 방법

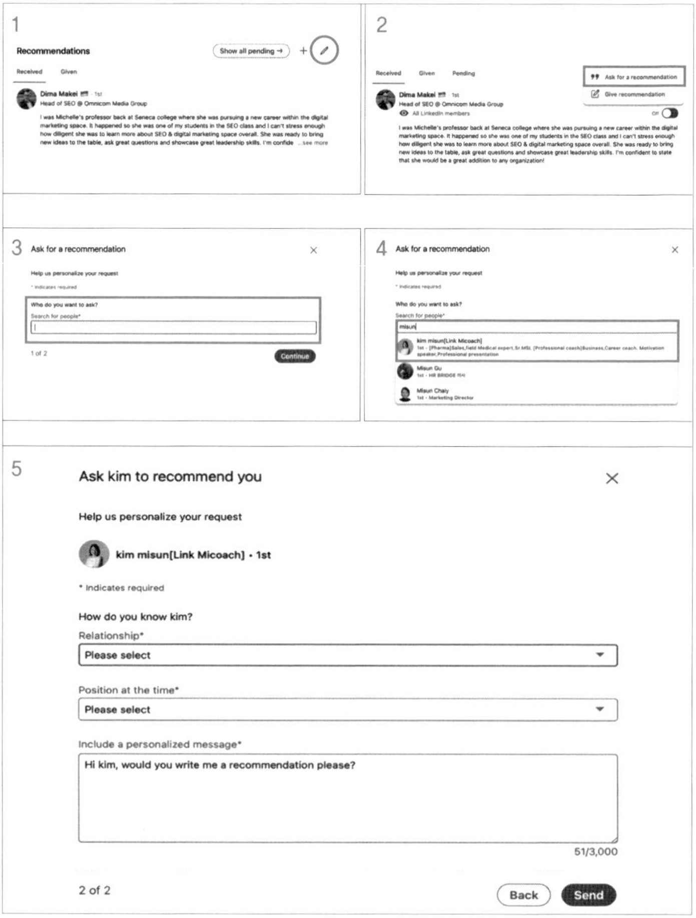

스킬 찾는 방법과 추천받는 방법

세무학과에서 경영을 꿈꾸다

내가 가진 능력은 무엇일까? 이 능력들이 기업에서 어떻게 사용될까? 한마디로 나는 어떤 쓸모를 지닌 직장인이 될 수 있을지, 취업을 생각하면서 정말 많이 떠올렸던 질문이다.

나는 대학에서 세무학과를 졸업했다. 동기들과 선후배들이 주로 세무 관련 취업을 준비해가는 것을 보면서, 내가 그 직업군에 맞을 것인지에 대한 고민이 정말 컸다. 그러다 내가 원하는 곳이 아니라는 생각이 든 순간 과감히 떨쳐버리고 다른 길을 찾아보기로 마음먹었다. 대학 때도 세무는 필수과목만 수강하고 주로 경영학과와 영문과 수업을 들었고, '비즈 이노베이터'라는 공모전 동아리에서 활동하며 다양한 공모전을 준비하고 대회에 나가 상을 타기도 했다.

나는 사람들과 함께 어울려 일하는 것을 좋아하고, 해야 할 일들을 하나씩 해나가면서 성취감을 느끼는 것이 즐겁다. 처음 입사한 곳은 제약 회사의 영업직이었다. 거의 8년 동안 영업을 해나가면서 느낀 보람과 성취는 이루 말할 수 없다. 다만 즐거우면서도 몸과 마음이 지쳐가는 시간이기도 했기에, 내가 좋아하면서 잘할 수 있는 다른 영역을 고민하다가 마케팅의 길로 방향을 전환하게 되었다.

그 과정에서 내가 가진 역량이 얼마만큼인지 가늠하기란 쉽지 않았다. 이미 마케팅의 길로 들어선 나이 어린 선배들이 여러 해의 경력으로 쌓아온 노하우를 늦은 나이의 신입에게 쉬이 풀기는 어려웠을 것이다. 나 또한 부족한 실력을 메우기 위해 동분서주하며 경력의 무게를 다시 한 번 더 경험했다. 그러나 그동안 쌓아온 관계에서 큰 도움을 받게 되면서, 커리어의 영역을 옮기는 데에만 집중할 수 있었던 고마운 시간들이었다. 그 과정에서 일하는 데 필요한 실력에는 나라는 사람의 성품도 녹아 있어야 한다는 것을 깨달았다.

꿈을 꾼다면 관련 자격 먼저 채워나가자

어떤 직업군에 가기로 결정했다면 관련 자격들을 잘 정리해서 하나씩 갖추어갈 것을 권유한다. 롤 모델이 될 만한 업계의 선배들을 찾아보고 그들이 지닌 자격증을 리스트로 정리해본다. 지금 당장 할 수 있는 것부터 시간이 오래 걸릴 만한 것까지 계획을 세워두고 하나씩 리스트에 체크해가며 내가 할 수 있는 것들을 넓혀간다. 그러면 지원할 수 있는 영역도 넓어지고 업체도 늘어난다.

내가 사회에 첫발을 딛는 신입이라면 위의 과정은 나의 하드 스킬을 채워가는 방법이라 할 수 있다. 취업을 생각하는 시점에서는 이미 어느 정도 기본 하드 스킬을 채워둔 상태일지도 모르겠다. 아직 업무에 익숙하지 않으니 할 수 있는 영역이 넓어지는 것은 당신을 채용하는 기업의 입장에서는 반가울 것이다.

이직을 고려하고 있는 사람이라면, 이미 지니고 있는 자신의 역량을 확인해볼 것을 권유한다. 기존 회사에서 어떤 하드 스킬을 갖추게 되었는지, 입사 전부터 갖추고 있던 영역은 무엇이었는지 말이다. 그 실력이 지금도 쓸 만한지도 염두에 두어야 한다. 그러고 나서 이직에 필요한 자격에 맞춰 부족한 부분을 채워가는 것이다.

여기서 하드 스킬이 무엇인지 대충 짐작했을 것이다. 그러면 어떤 것들을 하드 스킬이라 부르는지, 이것과 함께 필요한 소프트 스킬은 무엇인지 자세히 알아보자.

당신의 하드 스킬, 소프트 스킬은 무엇인가?

현대인들은 어떤 직종에서 일할 수 있는 자신만의 능력을 지니고 있다. 일을 감당해낼 수 있는 능력을 영어로는 스킬(Skill) 혹은 어빌리티(Ability)라고 한다. 한국인재개발협회와 미국노동부의 연구에 따르면 기술을 통한 작업 공간이 변화함에 따라 직원들이 갖춰야 하는 16가지 기본 능력을 나누었다. 이 능력들은 기술, 인간, 개념으로 구분되는데, 여기서 기술은 하드 스킬(Hard Skill), 인간은 소프트 스킬(Soft Skill)에 해당한다.

10여 년 전만 해도 사람의 능력을 컴퓨터에 비유하곤 했는데, 스마트한 세상을 살아가는 지금은 조금 낡은 비유라고 할 수 있다. 오히려 현재 우리에게 없어서는 안 될 획기적인 도구인 스마트폰이 하드 스킬과 소프트 스킬에 더 적합하지 않을까? 온갖 기능을 가진 스마트폰에 본래 장착된 각종 기능들을 하드 스킬이라고 한다면, 필요에 의해 다운로드해서 사용하는 앱은 소프트 스킬에 비유할 수 있다. 사실 스마트폰 자체가 모든 기술의 집약체이며 스마트폰의 기능들이 적절히 조화를 이뤄 일상생활을 편리하게 누릴 수 있으니 말이다.

하드 스킬은 실제 업무를 수행하는 데 필요한 기술을 말한다. 눈에 보이는 일과 관련된 것으로 예를 들어 설치미술가가 작품을 만들어내는 것이나, 컴퓨터 프로그래머가 프로그램을 만들어내는 것을 생각해볼 수 있다. 하드 스킬은 측정할 수 있는 업무 능력 또는 기술이다. 일반적으로 교육을 통한 학습이나 직장 경험을 통해 습득할 수 있다.

간단한 예로 외국어 능력시험 성적, 대학교 혹은 대학원 학위, 전문교육기관의 수료증, 전문적인 지식 관련 자격증 등이다. 이러한 하드 스킬들은 주로 자기소개서와 이력서에 쓰여지며, 채용 담당자가 쉽게 볼 수 있다.

반면 소프트 스킬은 모든 직무에 필요한 사람과의 관계를 의미하며 피플 스킬(people skill)이라고도 불린다. 커뮤니케이션 능력, 팀워크 및 적응 능력 등이 해당되며, 눈에 보이지는 않지만 작업을 만들어가는 과정, 혹은 업무를 완성해가는 과정에서 다른 사람과의 관계 및 상호작용 방식으로 드러나는 능력이다. 철저하게 상대적일 수밖에 없는 대인관계 기술을 무엇으로 보여줄 수 있을지가 관건인데, 구직자 스스로 말하는 것은 당연히 의미가 없다. 이전 업무 완성 과정에서 경험했던 긍정적인 사례들을 스토리텔링 방식으로 전달하는 방법이 가장 최선이라 할 수 있다.

이제는 하이브리드 스킬이다

사람들은 누구나 2가지 스킬을 모두 가지고 있다. 다만 어떤 사람은 하드 스킬에 강점이 있고 어떤 사람은 소프트 스킬에 강점을 갖고 있다. 취업과 이직을 위해서는 일과 관련된 자신만의 하드 스킬과 소프트 스킬을 찾아두는 것이 좋다. 네이버나 구글 등에서 원하는 잡(Job) 검색엔진을 통해 자신의 하드 스킬과 소프트 스킬을 찾아서 정리해보면 큰 도움이 될 것이다.

하드 스킬이 강한 A와 소프트 스킬이 강한 B 두 사람이 있다. 한 회사에서 컴퓨터 프로그래머로 일하는 두 사람은 새로운 프로젝트를 수행하면서 TF팀으로 만나게 되었다. 팀으로 작업을 시작하면서, 업무 수준을 높이기 위한 작업으로 A의 프로그램 능력이 부각되었다. 하지만 이내 A의 작업 태도와 팀원들 간의 커뮤니케이션에 대한 불만이 쏟아지면서, 분위기를 잘 아우르며 모두의 사기를 북돋우는 B의 성실하고 유연한 작업 태도가 칭찬받게 되었다. 업무의 완성도를 위해 팀장은 A를 잘 이끌어가야 하지만, 또 팀 내 분위기도 잘 만들어가야 하니 B와 같은 팀원이 반드시 필요하다. 극단적인 예이지만 어느 회사 어느 팀이나 이런 사람들이 있게 마련이다.

당신이 채용 담당자라면 어떤 사람을 뽑을지 고민될 것이다. 2가지 능력을 모두 갖춘 사람이 나타난다면 반드시 채용할 것이다. 이렇듯 채용시장에서는 점점 더 하드 스킬과 소프트 스킬을 모두 보유한 '하이브리드 스킬'의 지원자를 찾고 있다. 2가지 스킬을 균형 있게 모두 구사할 수 있다면 채용시장에서 매우 높은 경쟁력을 보여줄 수 있다.

구인하는 입장에서 링크드인 활용하기

물론 2가지 스킬 모두 당연히 중요하다. 지원하는 과정에서 모두를 강조하고 싶을 텐데, 어느 한쪽이 부족하더라도 관련 업종에서 가치 있는 특정 스킬들을 강조해서 어필한다면, 채용 담당자에게 긍정적인 관심을 이끌어낼 수 있을 것이다. 나는 취업 시장에서 이를 잘 드러내고 사용할 수 있는 방법으로 링크드인에서 '기술평가' 활용 방법과 '검증' 받는 방법을 추천하고 싶다.

링크드인에서 자신의 페이지에 들어가 하단으로 내려가면, 자신이 작성해둔 본인의 기술이 나와 있다. 링크드인이 내준 문제를 풀고 상위 30%의 점수를 획득하면, 배지를 획득하여 프로필에 표시 할 수 있다. 그리고 프로필을 표시하도록 선택하면 프로필을 보는 모든 사람이 볼 수 있게된다. 링크드인에서는 자신의 스킬을 체크하는 데 끝나지 않고 기술을 확인하는 카테고리가 있다. 예를 들어 마케터라면 MS 팀즈 스킬(Microsoft Teams Skill) 중 프레젠테이션을 선택할 수 있는데, 다른 구직 사이트에서는 선택으로만 끝나지만 링크드인은 본인의 기술을 테스트해 볼 수 있다. 이것이 링크드인의 확연한 차별점이고, 구인하는 사람들도 링크드인을 신뢰할 수밖에 없다.

링크드인에서 A라는 하드 스킬을 가졌다면 한 단계 더 나아가 A-1, A-2 스킬을 체크할 수 있는 링크드인만의 시스템이 있다. 소프트 스킬뿐만 아니라 하드 스킬을 지속적으로 쌓는다면 요즘

나의 링크드인 스킬 확인 페이지

시대가 요구하는 하이브리드형 인간이 되는 것이다.

학위 및 자격증들로 이력을 채우는 것도 필요하지만, 자신만의 강점을 부각할 수 있는 좋은 방법이니 십분 활용해보자. 또한 질문에 답하면서 내가 어떤 능력의 소유자인지, 내가 관심 있는 업종에서 필요한 기술이 무엇인지, 과연 내가 그 능력을 가지고 있는지도 알 수 있다. 이렇게 필요한 스킬들을 하나씩 늘려갈 수 있다.

링크드인에서는 나만이 나의 기술을 평가하고 기재할 수 있는 것이 아니라, 내가 가진 기술에 대해 타인에게 '검증' 받을 수도 있다. 인스타그램을 비롯한 SNS의 '좋아요'처럼 1촌들이 간단히 눌러주기만 하면 된다. 1촌을 많이 확보해야 하는 이유가 여기에 있다.

이 방법을 활용하기에 앞서 내가 먼저 타인의 링크드인 페이지에 들어가서 그들이 갖고 있는 기술을 검증해준다면 더 좋을 것이다. 그런 후에 나의 기술에 대해 검증해주기를 요청하면 된다. 사실 나 스스로 나의 능력을 평가하기는 어색하지만, 지원자 입장에서는 나 자신을 가장 잘 알고 있어야 하는 것은 당연한 일이다. 더불어 타인의 평가도 분명 큰 가치를 지닌다는 것을 기억하자.

3개월 안에 내가 원하는 타깃 1,000명과 연결되는 방법

비대면 시대, 취업의 가능성이 열리다

2020년과 2021년 전 세계를 강타한 코로나19는 우리 사회에 큰 변화를 가져왔다. 그중 가장 가속도가 붙은 변화는 비대면 시스템의 확대일 것이다. 이제 온라인으로 미팅을 하고 비대면으로 쇼핑과 교육, 심지어 문화생활까지 누리는 것에 점점 익숙해지고 있으며 이런 방식을 이제는 일상으로 받아들이게 되었다. 이 같은 변화가 우리의 공적인 생활뿐 아니라 사적인 생활까지 바꾸고 있음을 느끼지 못하는 사람은 없을 것이다. 동시에 코로나19는 당연히 우리의 취업시장에도 영향을 주었다. 많은 기업들이 신규 채용을 미루거나 인원 증원을 보류했으며, 심지어 가속화된 비대면 시스템으로 일자리가 줄어들 것이라는 전망도 있다.

그러나 나는 조금 다른 방향에서 변화의 흐름을 이야기하고 싶다. 코로나19로 인해 기업뿐 아니라 많은 사람들이 비대면의 긍정적인 효과를 알게 되면서 이를 적극 반영할 거라는 기대심리가 있다. 이미 취업시장, 특히 해외 취업시장은 매우 큰 변화를 맞고 있고 앞으로도 이 추세는 더 확대될 것이다.

지금의 코로나19 시기가 어쩌면 예전보다 훨씬 더 많은 기회를 가져다주지 않을까? 그렇다고 생각한다면 지금 바로 시작하면 된다. 비대면으로 만남이 제한되는 동안 사람들은 줌이나 구글 밋, 유튜브, 페이스북, 인스타그램, 트위터, 블로그 등의 SNS로 적절한 소통이 가능하다는 것을 알게 되었다. 비대면으로 이야기하는 상황에 익숙해지다 보니, 단순히 인간관계에서 새로운 만남의 방식뿐만 아니라 비즈니스 측면에서도 많은 변화가 생겨났다.

비대면으로 만나거나 비즈니스를 수행할 수 있는 방법은 코로나19 이전부터 있어왔지만, 지금은 비대면으로 비즈니스를 완벽하게 마무리할 수 있는 장이 더 정교하고 넓어졌다. 기존에 재택으로는 불가능했던 업무까지 할 수 있을 정도로 시스템을 업그레이드하고, 출퇴근을 점검하고, 메타버스를 이용해 가상의 공간에서 편하게 회의할 수 있게 되었다. 전 세계 어디에 있든 누구든지 간에 온라인 만남을 통해 영어 공부도 가능해졌다. 몇 년 전부터는 온라인으로 하는 강좌나 취미 활동 영역이 더 다양해져 밖으로 나가지 않아도 얼마든지 배움에 도전할 기회들이 많아졌다.

비대면 인터뷰에 대비하자

기업들은 비대면으로 재택근무와 화상회의를 통한 조직관리가 가능하다는 것을 지난 2년간 경험했다. 그리고 많은 글로벌 기업들이 온라인으로 면접하고 인터뷰하는 방식을 활용한다. 이런 변화는 코로나19가 종식된다 하더라도 다시 예전의 방식으로 100% 돌아가지는 않을 것이다. 비대면이 시간과 공간 그리고 업무의 효율성을 높여준다는 것을 알았기 때문이다.

글로벌 기업을 비롯한 많은 회사들이 재택과 출근을 병행하는 방식으로 시스템을 바꾸고 있으며, 온라인 작업의 장점을 더욱 확대해서 적용하는 방식으로 업무 효율을 높이고 있다. 이런 추세로 볼 때 비대면과 대면의 혼용 방식은 앞으로 기업이 채택할 보편적인 업무 형태로 자리 잡을 것으로 보인다.

대표적인 취업 포털 사람인, 잡코리아 같은 구직 사이트들 가운데 비대면 시대의 선두에 있는 플랫폼이 링크드인이다. 링크드인은 해외에서 보편화되어 있을 뿐 아니라 기업들의 인사 정보를 명확하게 알아볼 수 있고, 담당자를 쉽게 파악할 수 있어 많은 인재들이 모여드는 공간이다. 인재가 모이면 당연히 기업의 인사 담당자들, 사람을 구하고자 하는 구인자들도 모이게 마련이다.

도움이 필요한 곳과 사람을 잘 찾아내기만 하면 된다는 점, 자기소개에 음성을 넣을 수 있으니 조금 더 자신을 어필할 기회가 있다는 것, 나를 아는 다른 이들의 평가도 함께 공개되니 그만큼 신뢰성을 확보할 수 있다는 점은 링크드인만의 차별화된 특장점이다. 그렇기에 해외 취업이 목적이라면 링크드인은 더욱 필수로 활용할 줄 알아야 한다. 국내 유수의 기업들도 링크드인의 위력을 한결 절감하고 있기에 그 사용률이 높아지는 추세이다. (2021년 기준 대한민국의 링크드인 사용자 수는 약 237만 명으로 알려져 있다.)

대면 혹은 비대면, 무조건 만남으로 이끌어내라

첫째, 이제 목표를 설정했으니 가능한 모든 일들을 계획하고 실행에 옮겨야 한다. 목표한 분야의 직군과 기업들을 정리하고, 인사 담당자나 그 분야에서 직접 업무를 담당하고 있는 사람들을 찾아 리스트를 만들어둔다. 링크드인에서는 어느 기업의 어느 부서 담당자가 누구인지 정확하게 찾아볼 수 있다. 누구에게든 1촌을 신청할 수 있으니 상대방이 받아주든, 받아주지 않든 일단 1촌을 신청해두는 것이 좋다. 상대방이 나에게도 1촌 신청을 해준다면 더욱 좋겠지만, 그렇지 않더라도 너무 실망하지 말

자. 정말 내가 원하는 곳에서 일하고 있는 사람이라면 언젠가는 만나야 할 사람이라 생각하고, 지속적으로 자신을 어필해보자.

둘째, 1촌이 되었다면 본인에 대한 간단한 소개와 함께 왜 만나고 싶은지, 만나지 못하더라도 왜 계속해서 관계를 맺고 싶은지 등의 이유들을 정성스럽지만 길지 않게 써서 메시지를 보낸다. 잠깐이라도 만나서 나를 소개하고 어필할 수 있다면 가장 좋다. 그러려면 꾸준히 노력하고 있다는 증거들이 필요하다. 링크드인 페이지를 지속적으로 업데이트하며 내가 계속해서 발전하고 있음을 보여주는 것이다. 1촌이 아닌 상황에서 메시지를 보내는 것은 링크드인 프리미엄 유료 이용으로 가능하다. 현재 적극적으로 구직하는 상황이라면 꼭 유료로 전환하여 활용해보기를 바란다. 1촌이 아닌 사람들에게도 직접 연락할 수 있고, 답을 받을 확률은 단순 이메일이나 전화보다 2.6배 이상 높다고 한다. 처음 전환할 경우 얼마간 무료로 사용 가능하다.

셋째, 꾸준히 링크드인을 업데이트하자. 왜 1촌이 많을수록 좋다고 했는지를 단적으로 보여주는 예가 있다. 내가 마케터로서 관련 기업들과 관련 업무 담당자들을 정리하고 1촌 신청을 부지런히 해두었다고 하자. 꼭 관련 업계가 아니더라도 내 역량을 발휘할 수 있는 분야에서 일하는 사람들과 1촌을 맺어두었다면, 내가 업데이트한 나의 링크드인 페이지를 통해 그들에게 나의 업데이트 알림이 전달된다. 아직 메시지를 보내지 않았더라도, 알림을 유심히 살펴보고 있는 담당자라면, 인재 영입에 주저하지 않을 것이다. 그러한 상황에서 만남을 요청하는 메시지를 보낸다면 그 만남이 성공할 확률이 더 높지 않을까? 대면이든 비대면이든 만남이 성사되는 것 자체로 취업의 문에 조금 더 가까이 다가갔음을 본인이 가장 잘 알 것이다. 준비한 자가 기회를 거머쥘 수 있도록 링크드인이 도와준다.

1촌 만들기에 주력하라

많은 사람들과 연결되었다면 이제는 원하는 타깃에 연결될 차례이다. 내가 IT 쪽으로 취직하고자 한다고 가정해보자. 링크드인에 가입한 지 오래되어 1촌은 이미 많지만, IT 쪽으로 연결된 사람이 별로 없는 것이 문제다. 그러니 이제 막 가입한 사람과 상황이 크게 다르지 않다고 볼 수 있지만, 1촌이 많다면 2촌 혹은 3촌들도 충분히 연결 가능하므로 활용하기 나름이다.

데이터 과학자, 인공지능 과학자, 소프트웨어 개발자 등 IT 관련 업계에 종사하는 사람들을 찾아 연결을 시도해보자. 현재 IT 관련 회사를 검색하면 그 결과가 약 1,970,000이라고 뜬다. 수많은 회사들 중에서 내 관심 분야를 다시 검색하고 그중 눈에 들어오는 회사들의 '+'를 클릭해서 저장해두고, 이제 그 안에서 관련 업무 담당자를 찾아본다.

담당자 이름과 이력도 함께 볼 수 있는데, 이렇게 찾아낸 사람들에게 일단 1촌 신청을 해둔다. 우선 1촌이 된 사람들에게 나의 간략한 소개와 만나고 싶은 의사를 정성스럽게 써서 메시지를 보낸다(유료 회원이 아닐 경우 담당자가 나와 1촌 혹은 내 1촌과도 연결되어 있지 않다면 상세 프로필을 열람하거나 메시지를 보내기가 불가능하다).

내가 1촌이 많아서 그들의 2촌, 3촌 중에 관련 분야의 사람들을 소개받고 싶다면 1촌에게 요청할 수도 있다. 요청받은 1촌은 당신과 당신이 소개받고자 하는 사람 모두에게 같은 메시지를 보낼 수 있으며, 3명이 단체카톡방에서 메시지를 주고받듯 이야기를 나눌 수도 있다. 1촌이 많으면 좋은 이유가 여기에 있다.

이렇게 1촌의 2촌, 3촌까지 1촌으로 만들어가거나, 내가 직접 1촌 신청을 하다 보면 시간이 조금 걸리더라도, 1촌을 1,000명 이상 늘릴 수 있고 자연스럽게 만날 수 있는 사람들도 늘어난다.

IT 업종에서 링크드인을 활용하고자 한다면 이만큼 좋은 도구가 없다. 왜냐하면 현재 대부분의 IT 회사는 입사 지원을 할 때 자신의 링크드인 주소를 입력하면 자동으로 개인의 이력서가 제출되는 기능을 활용하고 있기 때문이다. 그리고 종종 링크드인을 통해 유명인사가 이직한 사실이 기사화되기도 하는데, 특히 게임 업계와 프로그래밍 업계 그리고 디자인, 은행 업계에서 그렇다.

링크드인을 일상의 플랫폼으로 활용하자

자신을 해외 영업 혹은 해외 바이어 발굴에 성공한 글로벌 마케터라고 소개하는 A는 2020년 초반부터 꾸준히 해외 영업 자료들을 링크드인에 올려두었다고 한다. 이를 눈여겨본 해외 바이어가 자신들에게 꼭 필요한 제품이라 판단해 연락을 취해왔고, 국내의 실제 사용 사례와 실적 등의 자료를 바탕으로 그들의 니즈에 맞춰 생산, 판매에 마침내 성공했다.

A가 성공할 수 있었던 이유는 단순하다. 평소에 링크드인을 활용했던 것이다. 우리가 페이스북이나 인스타그램 등에 일상을 꾸준히 올리는 것처럼 링크드인을 일상의 플랫폼으로 활용했다. 이렇게 페이스북에 꾸준히 글을 올리듯 링크드인에 꾸준히 데이터를 축적해둔다면 의외로 빠른 시간 안에 본인이 원하는 비즈니스에 연결될 수 있다. 링크드인이 취업 사이트이기는 하지만 SNS로도 충분히 활용할 수 있다는 말이다. 링크드인을 활용하다 보면, 3개월 안에 내가 원하는 타깃 1,000명과 연결되고, 더 나아가 자신이 원하는 목표 지점에도 쉽게 닿을 수 있을 것이다.

이 바탕에는 링크드인 인맥의 절댓값으로 누릴 수 있는 알고리즘이 있다. 링크드인에서 1촌의 수가 적은 경우 내 프로필 검색이 잘되지 않는데, 연결이 많지 않은 사람의 프로필을 잘 드러내주지 않는다. 반대로 1촌 수가 많으면 다른 사람의 프로필 검색이 쉽고 내 프로필 역시 쉽게 검색된다. 1촌의 1촌을 2촌이라

하고 1촌의 2촌을 3촌이라고 한다면, 내 프로필은 3촌 밖의 사람들에게 아예 조회가 되지 않는다. 누군가의 3촌 안에는 들어야 내 프로필 조회가 가능하다는 말이다.

이러한 연결 고리를 더 잘 이해하기 위해서는 게시글을 하나 올려보면 된다. 게시글은 일상적인 내용도 좋고, 비즈니스 관련 글도 좋다. 다만 일반적인 SNS와는 달리 링크드인에서 호응도가 높은 것은 일상적인 내용이라 하더라도 짧게나마 나의 인사이트, 깨달음, 지식, 비즈니스 관련 정보들이 포함된 게시글일 가능성이 높다. 이러한 게시글에 나의 1촌이 '좋아요'를 누르고 댓글을 달았다고 가정해보자. '좋아요'를 누르면 비로소 1촌의 1촌들에게 나의 게시글이 보여지는데, 나의 2촌이 또 '좋아요'를 누른다면 2촌의 1촌인 3촌들에게까지 나의 게시글이 보여진다. 이렇게 게시글의 작성자가 드러나면 1촌을 맺을 가능성도 올라간다.

중요한 인맥 알고리즘을 잘 알고 지속적으로 관리해간다면 내가 필요할 때 더욱 적절하게 활용할 수 있다. 이제 막 시작했다면 차근차근 프로필을 정리하고 만들어가는 동시에 인맥을 늘리는 데 목표를 두고 활동할 것을 권한다. 이미 어느 정도 인맥을 만들어둔 상태라면 진출하고 싶은 업종을 대상으로 집중 공략하면 된다.

1촌을 통해 글로벌 인맥을 확장하는 방법

누구에게라도 보낼 수 있다

링크드인을 사용하는 이유 중 하나는 1촌이나 '구체적인 대상을 찾아내' 메시지를 보낼 수 있다는 점이다. 특정 회사, 특정 부서의 담당자에게 직접적으로 메시지를 보낼 수 있다는 말이다. 구직이나 이직을 희망하고 있다면 그것 하나만으로도 링크드인 계정을 만들 이유가 충분하다.

알림이 알려준다

나는 링크드인에서 하루에 적어도 10~20개의 알림을 받는다. 알림 내용은 주로 내가 설정해둔 직급이나 더 높은 직급의 마케팅 분야 매니저를 찾는 공고와 나와 1촌 맺기를 원하는 글, 혹은 나의 도움을 필요로 하는 메시지들이다. 이 중에서 내가 세심히 살피는 것은 나의 도움을 필요로 하는 메시지들이다. 메시지에는 여러 종류가 있다. 추천서를 요청하는 후배, 나와 1촌을 맺고 싶어 하는 사람, 회사를 운영하고 있는데 마케팅 관련해서 상담을 하고 싶다는 메시지 등이다.

그 가운데 1촌 요청 메시지들은 기본적으로 나와 1촌을 맺고 싶은 의사를 밝히면서 시작된다. 메시지 내용은 비슷하지만 분위기, 표현된 언어, 상대에 대한 예의 등은 그야말로 각양각색이다. 비슷한 내용이라도 누군가의 메시지는 기분이 좋고 내가 어떤 도움을 줄 수 있을지를 바로 찾아보는가 하면, 어떤 이의 메시지는 의도가 너무나 뻔하고 불편해서 자꾸만 답을 미루게 된다.

예를 들어 "안녕하세요? 마지막 학기 재학 중인 데이비드라고 합니다. 링크드인에서 1촌을 신청한 지는 꽤 된 것 같은데 아직까지 제대로 인사를 못 드렸습니다. 조금 늦었지만 요청받아주셔서 감사드립니다"라는 짧지만 예의 바른 메시지를 받으면 기분 좋게 도움을 줄 수 있다. 반면 본인의 용건만 무미건조하게 요청하고 별다른 인사도 없이 메시지를 보내는 사람도 있다. 이런 경우 그 이상의 진전을 도모하고 싶은 마음이 들지 않아 정중히 요청을 거절한다.

상대가 기분 좋게 받아들이려면 메시지 작성에 심혈을 기울여야 한다. 받을 사람이 누구이든 만남이나 관계를 맺을 수 있는 상황을 고려하고, 마음에 와 닿도록 진심을 담아 정성스럽게 작성하는 것이 기본이다.

메시지에도 요건(T. P. O)이 있다

그렇다면 상황에 맞춘 메시지란 어떤 것일까? 나는 평소 교수님에게 좋은 학생으로 인정받고 자주 연락을 드린 덕분에 졸업 후 여러 과정을 하면서도 추천받을 기회가 많았다. 교수는 직업상 여러 회사들로부터 좋은 학생, 좋은 제자들을 추천해달라는 메일을 많이 받는데, 평소 자주 연락하는 신뢰감 있는 제자를 먼저 고려하는 것이 당연하다. 언젠가 추천서를 부탁하리라 마음먹은 교수님이 있다면 평소에 연락을 주고받아야 한다. 평소에도 친분을 유지해놓아야 교수님의 머릿속에 나의 이름 석 자가 각인된다.

사람의 마음은 비슷하다. 누구나 자신이 평소 마음에 담아둔 사람을 필요한 순간에 꺼내 쓰게 마련이다. 교수님에게 내가 자연스럽게 떠오르면 가장 좋겠지만 쉽지는 않은 일이다. 어떤 상황, 어떤 이유, 어떤 기회에 연락을 주고받아야 자연스러우면서도 최대한 부담을 주지 않을까 고민하게 된다.

나는 안부 인사를 자주 드리는 것으로 시작했다. 평소 주기적으로 안부를 묻고 새해나 크리스마스, 추수감사절에도 빼놓지 않고 메시지를 보냈다. 그 외에 학기 종료, 공휴일 등을 이용해 자연스럽게 지속적으로 인사드리는 기회를 자주 마련했다. 그렇게 해서 가까워졌다고 느껴지면 당사자뿐만이 아니라 가족의 안부까지 물었다.

피드백은 필수다

그에 더해 내가 꼭 덧붙인 메시지가 있다. 교수님께서 자신감을 주었기에 현재 내가 잘 살아가고 있음을 강조하는 것이다. 교수님께서 추천해준 일의 성과를 간략히 보고하는 것도 빼놓지 않는다. 교수님이 추천해준 인터뷰 영상이나 책, 자료 덕분에 많은 도움이 되었다든지, 추천해준 선배들을 만나 인터뷰도 잘하고 또 많은 조언을 얻었다는 피드백을 꼬박꼬박 챙긴다. 그동안 일하면서 공부하느라 힘들었지만 늘 교수님께서 자신감을 불어넣어준 덕분에 일어설 수 있어 감사하다는 마음을 표현한다.

추천해주신 여러 책들 중 특별히 지금까지도 기억하며 되새기고 있는 책이 한 권 있다. 바로 《더 기버(The Giver)》(Lois Lowry, Houghton Mifflin Harcourt, 2014. 7. 28.)이다. 이 책을 통해 내가 가지고 있는 능력이 크지 않지만, 사람들과 함께 나누고, 서로를 돕는 마음으로 선한 영향력을 끼치는 기쁨을 알게 되어서 너무 감사하다. 그리고 마음을 담은 언어로 진심 어린 감사를 표현하는 것은 누구에게나, 어느 자리에서나 중요하다는 것도 잘 알게 되었다.

효과적인 메시지 전달 방법

메시지든 메일이든 가장 중요한 점은 명확한 목적을 밝히는 것, 내가 누구인지, 왜 메일과 메시지를 썼는지, 간략하지만 너무 짧지 않게 쓰는 것이다. 상황에 맞는 메시지 종류는 다음과 같다.

인터뷰 전후의 감사 인사

링크드인 내에서 1촌의 추천을 통해 면접을 보게 된 경우 추천해준 1촌에게 면접 전과 후에 기회를 준 것에 대한 감사의 메시지를 보낸다. 혹은 인사 담당자를 통해 면접이 결정된 경우라면 면접 전후 자신에 대한 어필과 면접에 관련해 궁금한 점을 질문한다. 답을 받은 경우 면접에서 큰 도움을 받아 감사하다는 인사를 남긴다면 결과에 상관없이 좋은 이미지를 남길 수 있다.

감사의 인사를 먼저 쓰고, 현재 내가 보내고 있는 시간이나 비자 등의 일상 상황에 대한 설명을 간략히 한다. 바로 2차 면접에서 합격하여 일에 대해 논의한 경우 미팅 내용을 정리해주면 더욱 인상적으로 보일 수 있다. 추가로 면접 시의 팁을 하나 주자면, 이력서, 포트폴리오, 자주 나오는 질문뿐만 아니라 현재 회사의 상황(뉴스스캔, 웹사이트, 소셜 채널 등을 통해 강점, 약점, 기회, 요인 등)을 분석하여 얘기하는 것이다. 합격이 결정되었을 경우 함께 일하게 된 것에 대한 기대감과 언제 첫 근무를 시작하겠다는 등의 최종적으로 상대방이 명확하게 확인하고 싶을 만한 내용을 언급한다.

본인을 처음 소개하거나 혹은 만났을 때

링크드인에서 알게 되어 먼저 팔로우를 하거나 1촌을 신청하면, 간략하지만 자신이 어떤 사람인지 잘 드러나도록 소개할 필요가 있다. 이때는 약 2~3문단으로 간략한 프로필, 만남의 목적을 정중하고 부드럽게 작성해보자.

만남 전후 인사 겸 연락 메시지

대면 혹은 비대면 만남을 한 경우 만남 전에는 약속을 확인하고 기대하는 마음을, 만남 후에는 언제 어디서든 이후를 기약할 수 있도록 만남에 대한 긍정적인 기분을 정중하게 표현해보자.

인사와 함께 어떤 경로를 통해 이메일을 쓰게 되었는지를 간략하지만 명확하게 설명한다. 본인 소개를 먼저 한 후에 만나고 싶은 이유를 쓰는데, 미팅을 통해 내가 어떤 스킬을 가지고 있고 어떻게 기여할 수 있는지 자세히 설명하고 싶다는 등의 내용을 담으면 된다.

이것저것 물어볼 때

1촌 혹은 기업의 담당자를 통해 궁금한 점을 질문할 때 명확한 답변을 얻으려면 질문 범위가 너무 넓지 않고 구체적이어야 한다. 하나의 질문에 다 물어볼 수 있으면 좋겠지만, 여러 질문을 하게 되더라도 많이 미안해하거나 어려워하지 말고 질문을 잘하는 것에 집중하자. 역시나 도움을 요청하는 상황이므로 정중하고 예의 바르게 질문해야 한다는 것을 잊지 말자.

프로페셔널 커넥션을 만들고 싶을 때

어떤 분야의 전문가가 되기 위해 준비하고 있다면, 초보 전문가임을 밝히는 말로 인사 메시지를 써본다. 여러 롤 모델에게 메시지를 보내는 것이 좋다. 하지만 메시지를 보냈다고 해서 바로 대단한 경력의 전문가를 만나기는 쉽지 않으니 계속해서 메시지를 통해 어필한다. 인사 메시지 초보가 전문가를 만나기는 쉽지 않다. 첫술에 배부르려 하지 말자.

본인이 원하는 포지션에 지원할 때

기업의 담당자와 연락하는 상황이므로 지원하고자 하는 포지션의 정확한 정보 혹은 내가 가지고 있는 장점을 어필할 수 있는 메시지를 담으면 좋다. 궁금한 것이 있다면 물어봐도 괜찮다. 지원한 후에는 결과 여부에 상관없이 도움에 대한 감사 인사를 담은 메시지를 꼭 보내도록 하자.

대상에 따른 메시지 작성 요령

링크드인에서는 필요한 상황에 따라 상대방과 메시지를 주고받기도 하지만, 그 대상이 누구냐에 따라 메시지 내용에 변화가 있을 수밖에 없다. 주로 링크드인에서 메시지를 주고받을 대상은 다음과 같은데, 그에 따라 내용을 바꿔야 한다. 링크드인에서 메시지를 받을 대상에 따라 차별을 두어야 하는 주안점은 다음과 같다.

전·현직 직장 동료, 선후배 및 교수님, 링크드인 내 동종업계 근무자

업계에 새롭게 떠오르는 정보나 변화를 공유하기 위해 메시지를 보내거나, 이전 직장 동료의 경우 이직에 서로 도움을 줄 수 있다.

개인적으로 알고 지내는 지인

동종업계뿐만 아니라 다른 업계 간의 콜라보나 연결 지점이 있기 마련이므로 관계의 고리를 잘 연결해두자. 나는 개인적으로 알고 지내다가 함께 일하게 된 사람들이 많은데, 링크드인이 비즈니스를 바탕으로 SNS 역할도 충실히 하는 시스템이라 잘 활용할 수 있었다.

비즈니스 행사나 파티에서 알게 된 사람

목적을 가지고 만나게 된 사람들은 언젠가는 나와 비즈니스로 연결될 가능성이 있다. 그러니 대면 만남을 통해 알게 되더라도 링크드인으로 만남을 연결할 수 있도록 노력해보자. 나의 꾸준한 활동도 홍보할 수 있고, 상대방의 활동도 지속적으로 응원해줄 수 있다.

나의 롤 모델 또는 멘토

만남에도 전략과 계획이 필요하다. 비즈니스 또는 사적인 관계 모두 잘 만나고 싶다면 정성을 쏟아야 하는데, 계획 없이는 정성을 쏟는 데도 한계가 있다. 평소에 자주 연락해야 하는 분들에게도 시간을 정해두고 지속적으로 메시지나 이메일로 늘 생각하고 있음을 표현하자. 마음이 가는 곳에 행동이 분명히 따라야 진심이 전해진다. 이런 분들과는 평소 인맥을 유지하며 추천해준 것에 대한 감사의 인사도 잊지 말자.

리크루터(헤드헌터)

나의 링크드인 페이지를 통해 적합한 인물이라 판단하고 이직을 추천하는 사람들의 메시지를 종종 받는다. 주로 경력관리를 생각해보라는 요청이 오는데, 나의 상황에 맞춰 답을 보내면 된다. 답변 내용은 주로 채용 과정에 대한 진행 사항만 간략히 알려주면 된다.

링크드인에서 같이 일해보고 싶은 사람을 찾은 경우

최근 기업들은 헤드헌터 혹은 리크루터를 통한 수수료를 절감하고, 직접 인재를 뽑기 위해 링크드인 같은 시스템을 활용하고 있다. 취업과 이직을 생각하고 있다면 기업 정보를 명확하게 파악하고, 기업 담당자에게 자신을 어필할 수 있는 메시지 혹은 메일을 보내보자. 꼭 기업뿐만 아니라 개인 사업을 운영하더라도, 같이 일해보고 싶은 사람을 발견할 경우 링크드인을 통해 포지션을 의뢰해본다.

나비효과를 일으키는 관계의 시작

여러 사람들에게 꾸준히 메시지와 메일을 보내는 것만으로도 벅차다는 생각을 할 수 있다. 사실 쉽지 않은 과정이지만 처음 시작할 때 기초를 잘 만들어두고 계획대로 실행에 옮기기만 하면 된다(인맥을 정리하고 관리하는 팁들을 참고하면 좋다).

여기 제시한 팁과 예시들은 내가 상황과 대상에 맞게 정리해서 직접 사용해본 것들이다. 이를 바탕으로 상대에게 진심이 전달되는 메시지들을 꾸준히 보내보자. 그러면 이 메시지들은 나비효과를 일으켜 분명 기분 좋은 만남과 결과들로 돌아올 것이다.

꾸준한 만남과 결과들은 반드시 SNS 피드백에도 반영되는데, 링크드인 안에서 내가 올린 게시물들에 대한 추천이 이전보다 늘거나 1촌 신청이 늘어난다. 링크드인의 알고리즘을 충분히 이해하고 있다면, 이러한 피드백이 결코 그냥 얻어지는 것이 아님을 잘 알 것이다. 1촌이 늘어나고 인맥이 확장되는 경험이 쌓이면, 내가 통찰한 내용들을 게시글로 올리고 커뮤니티 활동을 통해 1촌들과 지속적으로 소통하는 즐거움을 동시에 누릴 수 있다.

부록

링크드인으로
나는 이렇게 달리고 있다

링크드인은 취업, 이직에만 활용할 수 있는 것이 아니라, 관심 분야의 사람들, 공통 분야에 있는 사람들과 정보와 아이디어를 공유하고, 함께 공부하며 사사로운 일상도 나누고, 비즈니스 관련 고민을 함께 해결하고, 추천 등으로 서로 도움을 줄 수도 있는 거대한 커뮤니티다.

북미나 유럽뿐만 아니라 한국에서도 더 많은 사람들이 링크드인의 활용도를 직접 확인하고 있다. 여기 소개하는 5인은 각자 링크드인을 통해 자신의 능력을 잘 드러내고 자기만의 커리어와 특장점을 십분 활용해 새로운 기회를 얻은 사람들이다. 이들의 성공과 발전은 특별한 경우가 결코 아니다. 링크드인을 통해 도전의 기회를 찾는다면 누구나 자신이 꿈꾸고 계획하는 세상을 만날 수 있을 것이다. 모두의 분투를 빌며 아낌없는 응원을 보낸다.

내일을 향해 달리는 뉴욕 대학교 학생 조수민

조수민 님은 현재 뉴욕 대학교 3학년에 재학 중이다. 2021년 링크드인에 가입해 프로필을 올리고 관심 분야의 회사에 적극적으로 지원해 자신의 전공과 경험을 살려 2022년 5월 현재 에듀테크 스타트업에서 인턴으로 활동하고 있다. 수민 님은 링크드인의 중요성에 대해 이렇게 이야기한다.

"링크드인 코칭을 받기 전에는 커리어를 위해 SNS를 사용한다는 개념 자체가 없었어요. 그런데 코칭을 받으면서 링크드인은 단순히 취업을 위한 플랫폼을 넘어 지식을 공유하고, 실패와 성공 스토리를 나누며, 함께 도우면서 성장하고자 하는 사람들이 모인 커뮤니티라는 것을 알게 되었고, 같은 열정을 가진 사람들과 도움을 주고받으며 작지만 강한 연결 고리의 힘을 경험할 수 있었습니다.

코칭을 통해 커리어 롤 모델을 벤치마킹하기 시작했는데 서치 기능(필터)을 사용해 관련 분야 경력자를 찾는 법을 배웠어요. 탄탄한 커리어를 밟아나가고 있는 롤 모델의 프로필을 꼼꼼하게 분석해서 나의 1~3년 실행 계획(Action Plan)을 세울 수 있었고, 기술 자격증부터 봉사활동, 인턴십 등 롤 모델의 경험을 나의 스토리로 만드는 법을 알게 되었습니다."

수민 님은 링크드인의 '잡 포지셔닝(Job Posting)' 메뉴에 포지션별로 '선호 또는 기대하는 자격/역량(Preferred Qualifications/

Expectations)'이 상세하게 나와 있어, 원하는 직군에서 요청하는 역량을 파악할 수 있었던 것이 취업을 준비하는 데 가장 큰 도움이 되었다고 한다. 링크드인은 이용자에 한해 회사 근무자들의 프로필 통계까지 볼 수 있기 때문에 학교, 전공, 부서 등 경력자와 신입은 어떤 프로젝트 경험이 있는지, 어떤 자격증들이 있는지 찾아보고 구체적인 목표를 세울 수 있다. 수민 님이 가장 중점을 두었던 것은 자기인식(self-awareness)이라고 하는데, 이 자료에 대해 이렇게 이야기했다.

"나를 나타내는 키워드를 동료와 친구의 객관적인 시선을 빌려 찾을 수 있었는데, '내가 보는 나'와 '남이 보는 나'의 괴리를 발견하고 보완할 수 있었습니다. 그렇게 파악한 나의 장단점을 통해 내가 가진 능력치를 좀 더 객관적으로 정리해서 장점 강화 및 단점 보완을 위한 실행 계획을 효율적으로 세우는 법을 링크드인 코칭을 통해 배웠어요.

가장 실용적인 점은 자기소개서나 커버 문구를 쓸 때 강조하면 좋을 핵심 주제까지 향상할 수 있었다는 것이에요. '전략적인(strategic)'이라는 키워드를 살려 전략적으로 일했던 예시와 현재 지원하는 포지션에서 어떻게 이 장점을 적용할 수 있을지 설명하는 문단들을 작성할 수 있었어요."

수민 님이 특히 중점을 둔 부분은 프로필 세팅이었다고 한다. 실제 링크드인에 올린 수민 님의 프로필은 본인이 공부하는 분야와 가고자 하는 방향이 명확히 드러나 있다. 그리고 현재 대학생임에도 전공과 관련된 교외 프로젝트에도 적극적으로 참여하는 모습이 여실히 보인다. 프로젝트에서 리더십을 발휘했을 뿐만 아니라 기재되어 있는 성과들을 통해 어느 누가 봐도 가고자 하는 방향으로 확실히 어필할 수 있도록 프로필을 세팅해두었구나 하고 느낄 수 있다. 수민 님은 프로필을 세팅할 때 중점을 두었던 부분을 이렇게 밝혔다.

"코칭받기 전 내 링크드인은 최소로 필요한 칸만 채워놓았던 비활성 상태였어요. 한 달에 10명도 채 되지 않은 사람들이 내 프로필을 확인했고, 검색 수도 5~10 주위에 머물렀습니다. 그런데 코칭받은 이후에는 검색 수가 20배 이상 증가했고, 코칭받은 대로 프로필 세팅을 하면서 1~2주 안에 50명 커넥션으로 시작했던 내 프로필을 200명 가까이 성장시킬 수 있었어요. 콜드 이메일을 따로 보내는 게 아니라 1촌 신청 메시지를 보낼 수 있기 때문에 훨씬 쉽게 커피챗(Coffeechat, 커리어 관련 대화 플랫폼)을 요청할 수 있었죠."

수민 님은 대학생인데도 링크드인을 통해 자신을 적극적으로 알리고 어필한 덕분에 귀한 경험을 쌓는 중이다. 수민 님은 링크드인에서 느낀 바를 이렇게 들려주었다.

"대부분의 경력자들이 학부생이나 사회 초년생의 입장을 이해하고 조언해주는 데 열려 있었어요. 제 상황을 설명하고 어떤 부분에서 도움을 받고 싶은지 구체적으로 전달했을 때 직접 지식을 쌓을 수 있는 리소스를 알려주고 본인의 경험을 통해 배운 점을 전달해주었죠. 관심 있는 회사에 근무하고 있는 분들을 통해 회사 분위기, 문화 등을 알 수 있었고, 그 회사에서 일하기 위해 어떤 준비를 했는지도 배웠습니다. 가장 놀라웠던 것은 에듀테크 스타트업에서 내 전공과 경험을 보고 인턴 기회를 제안했던 것이에요. 온라인 미팅을 통해 회사 비전을 공유받고, 내 경험이 회사에 어떻게 연결될 수 있는지 알게 되었어요."

나는 수민 님을 통해 대학생 신분이라도 얼마든지 자신의 역량에 따라 많은 기회를 얻을 수 있음을 다시 한 번 알게 되었다. 젊은 에너지에 앞으로의 성장 가능성까지 두루 갖춘 미래의 인재를 기업들이 마다할 이유가 전혀 없다. 수민 님의 사례를 본받아 많은 젊은 인재들이 도전장을 내밀기를 바라는 마음이다.

인턴으로 들어가 2개월 만에 정직원 된 라이언 크래스타

라이언 크래스타(Ryan Crasta)는 세네카 캐나다 대학 마케팅 학과 후배이다. 교수님을 통해 대학에서 주관하는 캡스톤 프로젝트(Capstone Project, 학생들과 기업들을 연결해 가상의 프로젝트를 완성하면서 학생은 본인의 자질을 확인하고, 기업은 인재를 선발할 수 있다)를 통해 만났다.

내가 근무하고 있는 기업에 이 프로젝트를 제의한 것은 후배들을 돕고자 하는 마음과 좋은 인재를 선발해서 회사에 도움이 되고자 하는 마음 때문이었다. 이 프로젝트를 통해 총 3명의 학생을 인턴으로 채용했는데, 그중 한 명이 바로 라이언이다. 그는 인도 유학생이었고, 당연히 캐나다에서의 취업이 간절했다. 프로젝트에서 라이언은 예의 바르고 열심히 하는 학생이었는데, 인턴으로 채용하고 난 이후에도 그 자세는 변함없었다.

라이언을 인턴으로 채용한 이후에 업무의 구체적인 노하우들을 가르쳐주기 위해 애썼다. 사실 기업들은 인턴들에게 단순한 일을 시키면서 시간만 채우고 나가면 그만이라는 인식을 가지고 있다. 하지만 나는 그런 이유로 인턴을 채용한 것이 아니었다.

후배들에게 실질적인 도움을 주고자 하는 마음이 컸기에 내 커리어의 일부를 포기하면서 인턴 채용을 감행했다. 꼭 필요한 단순 업무부터 회사의 실제 업무까지 수행하며 배운 것들을 잘 적용할 수 있도록 알려주었다. 그리고 정말 원하는 회사에 정직원으로 채용되기를 바랐기에, 일주일에 한 번씩 링크드인 코칭과 더불어 커버와 프로필 등의 업데이트를 도와주었다.

라이언은 배우는 속도도 빠르고 그것을 적용하는 능력이 탁월했으며, 모든 프로젝트에서 자신의 장점을 잘 활용해서 열심히 일했다. 늘 최선을 다하는 것은 물론 배움에도 목말라 있어 새롭게 배운 것들을 복습하고 적용하는 데 열심이었다. 사실상 가장 뛰어난 인턴이었다고 할 수 있다.

그는 2개월간 인턴으로 일하면서 배운 것들을 링크드인에 자신의 실제 경력으로 채울 수 있어서 무척 기뻐했다. 라이언은 링크드인 프로필에 이 내용을 상세히 소개하면서 자신의 매니저였던 내 강점을 올려주었다. 라이언의 발전 가능성을 보고 코칭한 것이었고 나 또한 라이언 덕분에 보람을 많이 느꼈는데 나에 대한 피드백을 링크드인 프로필에 긍정적으로 올려주기까지 하여 고마운 마음이 컸다. 라이언이 프로필에 쓴 내용을 소개한다.

"내가 LCG식품유통에서 소셜미디어 인턴으로 재직하는 동안, 내 매니저는 미쉘이었다. 미쉘은 매니저가 갖추어야 할 최고의 자질을 모두 갖추고 있다. 가장 중요한 것은 그녀는 다른 사람들에게 영감을 주는 훌륭한 팀 플레이어라는 것이다.

그녀는 정직, 투명성, 팀 개발, 아이디어와 의견에 대한 개방성을 모두 효과적으로 보여주었다. 전반적으로 미쉘은 자신의 신입 경험을 토대로 마케팅 분야에서 제게 기술들을 가르치고 갈고닦을 수 있도록 조언했다. 또한 발전하기 위해 고정관념에서 벗어나 생각할 수 있도록 세세하게 피드백을 해주었다. 나는 그녀와 함께 일하면서 훌륭한 배움을 경험했고, 그녀의 앞날에 행운이 가득하기를 바라고 있다."

라이언을 코치하면서 내가 가장 기뻤던 것은 나와 함께 일한 인턴 2개월간의 업무를 다른 회사의 정직원으로 들어가는 데 확실한 디딤돌로 삼았다는 점이다. 그는 인턴 업무를 마치고 2022년 5월 캐나다 토론토 현지 회사인 하바스 미디어 그룹(Havas Media Group)의 프로그래매틱 스페셜리스트와 코디네이터(Programmatic Specialist & Coordinator)를 거쳐 지금은 Xaxis에서 프로그래매틱 매니저(Programmatic Manager)로 근무하고 있다.

라이언은 링크드인을 효과적으로 사용할 수 있는 구체적인 실행 방법 및 노하우를 배웠던 것이 가장 큰 도움이 되었다고 했다. 그는 취업뿐만 아니라 재직 중이나 이직을 위해서도 링크드인을 통해 얻은 소중한 인맥들과 계속 관계를 맺고 싶다고 했다. 무엇보다도 링크드인 활용법을 배우면서 자신을 잘 표현할 수 있는 방법들을 알게 된 것이 정말 신기하고 놀라운 경험이었다고 이야기했다.

외국인이 캐나다 현지 회사에 채용되기는 쉬운 일이 아니다. 라이언이 인턴 2개월 만에 정직원으로 취업에 성공할 수 있었던 비결은 성실함과 링크드인을 활용해 퍼스널 브랜딩을 효과적으로 했기 때문이다. 앞으로 더 크게 성장하고 꾸준히 경력을 키워나갈 라이언에게 응원의 박수를 보내고 싶다.

경력자로서 커리어 업그레이드와 전환에 성공한 유희영

유희영(가명) 님은 한국에서 치과 의료기기 전문 업체에서 영업직으로 근무하다 캐나다로 건너왔다. 그녀가 캐나다행을 결심한 계기는 직장이나 삶의 패턴에 변화를 주고 싶었기 때문이라고 한다. 한자리에 머물러 정착하는 삶이 자신에게 맞지 않다고 말이다.

캐나다에 왔을 때 유희영 님의 첫 번째 고민은 직장이었다. 사실 캐나다에서 다른 업종으로 시도하는 것은 무모하다는 생각이 들었다. 그래서 경력을 살리는 게 안전하다고 생각했지만 현지에서 근무하기에는 영어를 비롯해 여러 가지 자격이 부족하다는 판단이 들었던 것이다. 희영 님은 시간을 두고 계획을 세웠다. 현지 대학에서 준석사 과정을 하면서 필요한 자격들을 동시에 메워가기로 했다. 그런데 공부를 결심하는 과정에서 새로운 분야에 대한 강력한 동기부여를 얻게 되었다. 희영 님은 그 계기를 이렇게 말해주었다.

“막상 경력을 살려 준석사 과정을 밟을 생각을 하고 알아보니 마케팅 쪽으로 흥미도 생기고, 잘할 수 있을 것 같은 막연한 느낌이 들었어요. 미쉘 님을 통해 링크드인에 입문하게 되었는데, 경력을 살리는 것도 중요하지만, 새로운 영역으로 진출하는 것에 대해 조금 더 자신감이 생겼고요. 그래서 어느 영역으로 가고 싶은지를 우선 알아봐야 했는데, 사실 한국에서 현실을 빨리 벗어나고 싶은 마음만으로 떠나왔던 터라, 제대로 준비하지 않은 채 캐나다에 오니 학력이나 그동안 쌓은 경력도 소용없는 것처럼 느껴졌어요. 영어가 부족하다고 느껴지니 그런 생각이 더욱 깊어졌어요. 여러 영역을 탐색하다 경력을 완전히 버리지 않으면서 관심이 가는 마케팅 분야에서 준석사를 하기로 결정하게 되었죠."

희영 님은 이 과정에서 링크드인의 도움을 많이 받았다. 한국에서만 경력을 쌓아왔던 터라 캐나다행을 결심하기 전까지는 링크드인의 존재를 거의 몰랐다고 한다. 캐나다행을 준비하면서 여기저기 찾다 보니 다른 나라에서는 링크드인을 많이 사용하고 있다는 걸 알게 되었고, 캐나다에서 나를 만나 본격적으로 링크드인을 활용하기 시작했다. 희영 님이 밝히는 링크드인의 가장 큰 장점은 롤 모델로 삼을 만한 사람들을 쉽게 찾을 수 있다는 것이었다.

"링크드인이 나를 성장하게 했으니 나에게는 정말 큰 행운이었다는 생각이 들어요. 학교를 다니는 것만으로는 필요한 정보를 얻는 것도, 목표로 삼을 롤 모델을 찾는 것도 어려웠는데, 링크드인에서 관심 있는 업종을 분류하고 기업들을 찾고 보니, 처음에는 알고리즘을 통해 관심 업종에서 롤 모델로 삼을 만한 사람들이 추천되었습니다.

그렇게 초기의 지속적인 링크드인 접속을 통해 1촌 신청이나 팔로우로 인맥이 늘어났는데, 이 과정을 통해 알게 된 여러 커뮤니티에도 조금씩 자신감을 갖고 임할 수 있었어요. 처음에는 사실 인맥을 넓히기 위한 목표를 세운다는 것이 조금 억지스럽거나 부자연스럽게 느껴지기도 했는데, 비즈니스 관점에서 관계를 잘 맺어가고 서로에게 윈윈이 된다는 것이 어떤 의미인지를 경험하게 되면서 커뮤니티 활동에 더 심혈을 기울이게 되었어요."

희영 님은 특히 내가 1 : 1 커리어 코칭에서 중요하다고 강조했던 부분을 실제로 하나씩 숙제하듯 해나가는 과정에서, 의외로 자기 관심 분야에 추천되는 사람들이 지속적으로 나타났고, 꼭 관심 분야가 아니더라도 공동 관심사로 인맥을 맺을 수 있는 사람들이 나타나는 것이 매우 인상 깊었다고 한다.

그 덕분에 동일 업종 내의 정보 교환이나 일상의 사사로운 정보들도 주고받기가 어렵지 않았고, 일상을 주로 공유하는 인스타그램이나 페이스북과는 또 다른 비즈니스 관련 일상을 공유할 수 있었기에, 더 솔직하고 진솔하게 업무와 관련된 정보를 나눌 수 있었다고 한다.

"링크드인을 통해 마케팅 관련 업종의 인맥을 찾아보면서 롤 모델도 여러 명 선정했어요. 그리고 필요한 자격들과 실제 취득 가능한 자격들을 추려서 계획한 시간 안에 갖출 수 있도록 노력했습니다. 무엇보다 급했던 결정을 절대 후회하고 싶지 않았기에, 제한된 상황과 시간 안에 최고의 성과를 내기 위해 달렸죠."

그렇게 캐나다에서 2년 동안 준석사를 밟고 인턴으로 일하면서 링크드인을 통해 커뮤니티 활동 및 소통을 활발히 한 결과 희영 님은 불과 3~4년 만에 미국계 의료기기 회사의 마케팅 디렉터가 되었다. 게다가 한국에서의 경력도 인정받아 중간관리자급으로 이직에 성공했다. 캐나다행을 결심했던 초기만 해도 막막하고 두려웠던 현지 정착에 성공한 희영 님은 링크드인이 무엇보다도 많은 도움이 되었다고 한다. 링크드인을 활용하며 느낀 점을 물어보자 희영 님은 이렇게 답했다.

"링크드인에서는 나의 장점을 많이 어필하고 사람들과 꾸준히 소통하는 것 그리고 그 소통을 통해 나의 강점이 실제로 인정받고 있음을 보여주는 것이 정말 중요하다는 사실을 깨달았습니다. 내 인생의 점프업이 링크드인을 통해 가능했기에 취준생, 이직을 준비하는 많은 분들께 링크드인 활용을 꼭 추천하고 싶어요."

내 기억 속의 희영 님은 스스로 세운 계획은 하나도 빠짐없이 100% 실천하는 사람이다. 이직을 위한 관련 자격도 거의 다 취득했으며 셀프 브랜딩도 매우 뛰어나다. 링크드인에서 활발히 소통하면서 자신의 장점을 적극적으로, 자신 있게 어필한 점이 매우 인상적이었다. 그런 노력과 자신감 덕분에 지금의 자리에 올라갔다고 생각한다. 그녀의 성공적인 정착을 진심으로 축하한다.

링크드인 코칭으로 한 달 만에 팔로워 2,000명을 달성한 손나연

손나연 님(가명)은 경이로움을 안겨준 사용자다. 내게 링크드인 코칭을 받은 지 한 달 만에 팔로워가 2,000명을 돌파했기 때문이다.

내가 나연 님을 알게 된 것은 대표 운영진으로 있는 '함께 성장하는 놀이터-그로우 그라운드'라는 커뮤니티를 통해서이다. 나연 님은 당시 아르바이트로 웹디자인을 하고 있었고, 해외 취업에 관심이 있었다. 청각장애우인 나연 님의 목표는 자신의 상황에 변화를 주는 것이었다. 그래서 자신의 능력을 통해 비장애우들의 사회 속으로 한 걸음 내딛고, 더 나아가 해외 취업까지 꿈꿨다.

해외 취업을 계획하면서 나와 온라인으로 만나게 되었는데, 링크드인을 어떻게 활용하면 좋을지를 먼저 고민하게 되었다. 아무래도 청각장애를 가볍게 생각하기는 어려운 상황이고, 취업하고자 하는 의지가 강했기 때문에, 링크드인을 사용해서 어떤 방식으로 다른 사람들과 소통할지가 관건이었다.

나와의 줌 미팅에서는 채팅으로 소통의 어려움을 해소할 수 있었지만, 취업 과정에서는 분명 이 부분이 큰 걸림돌이 될 것이라는 판단이 들었다. 웹디자인은 가시적으로 실력을 평가할 수 있는 분야이므로 본인의 실력을 인정받기만 하면 된다. 나연 님의 포트폴리오를 중심으로 강점을 준비하고, 링크드인 페이지를 어떻게 만들어가면 좋을지를 궁리했다. 그러고 나서 커버와 경력을 채워 넣는 처음 단계부터 하나씩 만들어가기 시작했다.

비장애우들도 해외 취업에 앞서 일단 영어 실력에서 주춤하게 되는데, 나연 님도 회화가 자유롭지 못해 우선 채팅과 메시지로 영어 실력을 업그레이드할 것을 권했다. 해외 취업이 되지 않더라도 나연 님의 링크드인 페이지를 활성화하고, 활동 및 소통을 통해 국내 취업도 가능하지 않을까 내심 기대하는 마음이 있었던 것이다.

이를 위해 무엇보다 나를 비롯해서 팔로워가 많은 분들과 1촌 맺기에 힘쓸 것을 추천했다. 나연 님의 정보가 1촌들을 통해 2촌과 3촌까지 전달될 수 있기 때문이다. 이러한 연결 고리를 통해 관련 분야의 인물들에게 추천되기도 하고, 커뮤니티 활동이나 게시글들이 더 많은 분들에게 보여지기도 한다.

나연 님은 자신이 처한 특별한 상황과 현실을 담담하게 링크드인에서 밝혔다. 그리고 그 글을 통해 많은 사람들의 공감과 응원을 받으면서 하루아침에 수많은 1촌 신청을 받게 되었다. 그리고 여러 업체에서 함께 일해볼 것을 권유받았다. 코로나19라는 특수한 상황에서 줌을 통해 여러 군데 면접을 보고, 최종적으로 한 중소기업에서 인턴직을 제안받았다.

링크드인을 시작하고 1 : 1코칭이 완료되지 않은 상황이었는데, 이렇게 큰 관심을 받고 예상치 못한 좋은 기회도 얻게 되어 나연 님은 물론 코칭을 한 나도 기분 좋은 당황스러움에 잠시 취하기도 했다.

그런데 인턴십이 성공적으로 이어지지는 않았다. 나연 님이 일한 중소기업 사장님이 사무실에서 함께 일하기는 어렵다고 중간에 통보해왔고, 인턴 기간을 끝까지 마치지 못한 채 마무리를 짓게 되었다. 하지만 나연 님은 이 과정을 통해 스스로 얼마나 더 노력해야 하는지 알게 되었다고 한다. 그리고 장애우도 좋은 기회를 충분히 얻을 수 있다는 것을 알게 되어 감사하다는 말을 전해왔다. 계속해서 필요한 것들을 배워나가겠다고 다짐하던 나연 님은 지금 프리랜서로 자신의 능력을 키워나가고 있는 중이다.

캐나다 취업 성공과 전공 분야에서 시간강사로 활동하는 디마

디마 마케이(Dima Makei)는 내가 캐나다 토론토의 Seneca College에서 준석사 과정을 밟던 중 알게 된 교수님이다. 검색엔진 최적화(SEO, Search Engine Optimization) 과목을 맡았는데, 우크라이나에서 대학을 졸업하고 캐나다에 정착하고 싶어서 나처럼 준석사 과정을 거쳐 현지 기업에 취업했다. 그리고 자신의 업종에서 실력을 인정받아 준석사 과정의 시간강사(교수)를 겸임하고 있었다.

캐나다에서 외국인으로 자기 분야에서 인정받는 것이 현지인만큼 쉬운 일은 아니다. 그러나 디마 교수는 결국 성공했고, 비록 나를 통해 링크드인에 입문한 것은 아니지만, 우리는 서로 같이 기뻐하며 축하했다. 그 일은 아직도 내게 귀한 추억으로 남아 있다.

디마 교수는 SEO 분야의 전문가이다.

SEO는 마케팅 분야에서는 필수 요소이기에 내가 꼭 들어야 했던 필수과목이었다. 그렇게 교수와 제자로 만났는데 알고 보니 내 준석사 과정 선배이기도 했다.

해외에서 온 사람들이 현지에서 잘 살아가고 있다는 것은 그만큼 피나는 노력의 결과이다. 어찌 보면 나 역시 그 피땀 눈물의 결과를 가지고 지금까지 캐나다 현지에서 살아가고 있는 것이기에, 그 결실이 어떤 과정을 거쳐 이루어졌는지 누구보다 잘 알고 있다. 디마 교수도 우크라이나에서 캐나다로 건너와 현지화하는 과정이 결코 쉽지 않았다고 한다. 그런 그가 지금은 자기 분야에서 인정받아 세계적으로 유명한 마케팅 에이전시 옴니콤 미디어 그룹(Omnicom Media Group)의 SEO 책임자이자 관련 분야의 교수를 겸임하고 있다는 것은 그가 얼마나 애썼는지를 잘 보여준다.

디마 교수의 성공에는 그의 노력이 가장 큰 부분을 차지하지만, 링크드인을 잘 활용한 것도 주효했다. 검색엔진 최적화 기술은 일반 마케팅뿐만 아니라 퍼스널 브랜딩에서도 중요하다. 특히 취업시장에서 링크드인 같은 비즈니스 관련 SNS에 자신의 강점을 어필할 수 있는 최적의 기술이다.

사실 이미 구글이나 네이버, 다음 같은 검색엔진에는 기본적으로 검색엔진 최적화 기술이 접목되어 있다. 기업 차원에서 이미 기술을 적용해서 일반인들에게 노출시키고 있기 때문에, 일반인들이 개인적으로 사용하기는 적절하지 않다. 하지만 이 기술이 필요한 분야, 특히 마케팅 분야의 전문가들은 꼭 알아야 할 필수 기술이다.

이 기술의 전문가인 그 역시 자신의 경험을 토대로, 링크드인을 얼마나 잘 활용하느냐에 따라 본인이 원하는 분야의 취업 여부가 결정된다고 한다. 특히 인맥을 통한 취업이 대부분인 북미에서는 링크드인을 통해 자신의 관심 분야에서 활발하게 활동하며 사람들과 유연하게 소통하고 있다는 이미지를 심어주어야 한다고 강조했다. 물론 자신의 장점을 잘 드러내는 동시에 개성도 표현해야 한다는 것을 잊지 말라고 했다.

디마 교수는 자신이 교수를 겸임하게 된 것도 링크드인을 통해 계속해서 자신이 할 수 있는 일들을 찾아 나선 결과라고 말했다. 회사를 다니며 능력을 발휘하는 것과 동시에 더 많은 사람들에게 영향력을 전달할 수 있는 직업이 바로 가르치는 일이기 때문이다. 아무래도 본인이 다녔던 학교의 후배들을 가르치니 더 열심히, 구체적으로 직업에 임하고 보람도 컸다는 디마 교수는, 해외 취업 선배로서도 링크드인에서 여러 사람들에게 적극적인 도움을 줄 수 있어서 기쁘다고 했다.

링크드인 초보를 위한 기초 질문부터 심화 질문까지

Q1. 캐나다에 취업하려면 어떻게 준비해야 하나요? 저는 한국에 살고 있고 캐나다에 지인이 없는데, 현실적으로 해외 취업이 가능한가요?

A. 2020년부터 시작된 코로나19 팬데믹 기간 동안 캐나다의 경제를 지탱했던 외국 국적의 노동자 대부분이 자기 나라로 돌아갔습니다. 그로 인해 캐나다 내의 사업체들이 인력 부족으로 운영에 어려움을 겪은 데다 임금도 올라서 경제적 손실을 보았다고 합니다. 캐나다 정부는 이런 문제들을 해결하기 위한 장기적인 정책으로 '이민자 초청 증가'(공식 용어 '이민자에 대한 문호 개방')라는 카드를 내놓기도 했습니다.

현재 캐나다에서 인력 부족 현상이 발생한 업종을 특정 지을 수가 없을 정도로 폭넓게 진행 중이라고 합니다. 5년마다 내놓는 캐나다 이민성의 2021년 말 통계 자료에 따르면, 캐나다 자국민의 출산은 줄고 인구 증가율도 하락했는데, 해외 유입된 이민자들을 합한 통계에서는 출산율과 인구 증가율이 모두 올랐다고 합니다. 그래서 캐나다는 인력을 해외에서 유입하는 것에 굉장히 긍정적인 입장입니다. 2019년도에 발표한 이민자에 대한 문호 개방이 이를 증명한다고 할 수 있지요.

더구나 코로나19로 인해 줄어든 인재들을 다시 영입하기 위해 기업들이 저마다 고군분투하고 있는 중입니다. 캐나다 통계청에 따르면 2021년 말 실업률이 하락 추세이고, 재택근무를 시행하는 기업들이 두드러져서 취업시장에 반영될 것이라고 합니다. 캐나다 기업들의 인재 영입 조건을 잘 살펴보고, 조건이 맞기만 하다면 지금 한국에 있고 캐나다에 지인이 없더라도 취업이 얼마든지 가능하다는 말입니다.

캐나다 현지에서 유망 직종으로 떠오르는 직업군은 IT, 법률, 투자 및 금융, 회계 등이라고 하지만, 사실은 모든 직업군에서 해외 인재들을 기다리고 있습니다. 코트라(KOTRA, 대한무역진흥공사) 등의 기관들도 캐나다 현지에서 취업박람회를 계속 진행하고 있습니다. 가장 최근인 2021년 10월 말에도 하반기 온라인 취업박람회를 개최했고, 특별히 현지 및 진출 기업에서 유망 직종 분야의 멘토를 선정해 취준생들에게 도움을 주었습니다. 이렇게 해외 현지에서 진행하고 있는 취업박람회 등을 이용할 수 있다면 더 많은 정보로 해외 취업 준비가 가능할 것입니다.

예를 들어 간호사, IT 업종 등은 전 세계적으로 구인난을 겪고 있기 때문에, 캐나다 내에서도 역시 빠른 취업이 가능할 것으로 판단됩니다. 코로나19가 시작되면서 호텔 등 숙박업의 직원 해고가 급격하게 진행되기도 했는데, 아직 코로나19가 엔데믹(endemic, 풍토병)으로 정착하지는 않았더라도 전 세계적으로 경제가 살아날 전망인 만큼, 숙박업 관련 서비스 직종에 근무할 인력들에 대한 수요는 늘어날 것입니다. 특히 캐나다 서부 쪽은 80% 정도가 서비스 관련 업종이라고 해도 과언이 아닙니다. 그러니 해외 취업을 고려하고 있는 분들에게는 좋은 소식이라고 생각합니다. 해외 취업 준비를 하다 보면 현지에서 실제로 취업에 성공해서 일하고 있는 멘토들의 이야기가 궁금할 것입니다.

많은 해외 취업 성공자들은 링크드인을 추천하는 경우가 많습니다. 제가 링크드인을 추천하는 이유와 거의 비슷하지요. 취업 관련 혹은 비즈니스 관련해서 링크드인만큼 해외 기업과 인재들에 대해 잘 알아볼 수 있고, 궁금증을 풀 수 있는 곳이 많지 않기 때문입니다. 그러니 시작하기 전부터 너무 걱정하지 마시고, 해외에 지인이 없어도 링크드인을 통해 인맥을 쌓아보세요.

기업 정보, 기업 문화 등 현지에서 살아갈 부분에 대한 걱정들을 하나씩 묻고 들으면서 해결해나갈 수 있습니다. 해외 취업을 염두에 두고 있다면 언어가 가장 걱정되는 부분일 것입니다. 실제로 현지인까지는 아니더라도 커뮤니케이션이 원활할 정도의 언어 실력을 요구하는 경우가 많은 것이 사실입니다. 그래서 특히 한국인들은 초반에 언어에서 주눅이 들기 마련입니다. 하지만 자신감을 가지고 꾸준히 실력을 쌓고자 마음먹으면 전혀 못 이루어낼 일이 아니라는 사실을 꼭 기억하면 좋겠습니다.

Q2. 지방 대학 출신입니다. 해외에 취업하려면 학벌 세탁이 필요한 것은 아닌가요?

A. 해외에서는 한국의 대학을 잘 모른다는 사실을 먼저 말씀드리고 싶습니다. 그러니 해외 취업을 생각하고 있다면 현지 비자 상황, 현지 대학 진학, 관련 업종의 자격증 획득을 우선순위로 놓고 준비하는 것이 중요합니다. 예를 들어 캐나다에서 일하려면 반드시 취업 비자가 있어야 합니다.

대학 이상의 과정을 8개월 이상 수료했거나 하고 있다면 최대한 1년에서 3년까지는 취업 비자 획득이 가능합니다. 배우자에게 이미 취업 비자가 있다면, 본인은 오픈 취업 비자를 받을 수도 있습니다. 인턴이나 파트타임으로 짧은 기간 일하다 회사에서 인정받아 추천으로 취업 비자를 받거나 연장하는 것도 가능합니다. 일할 수 있는 조건만 갖추어진다면 가능성은 늘 열려 있다고 볼 수 있습니다.

한국에서 출신 대학이 낮다고 해서 좀 더 나은 대학으로 편입하려 하지 말고, 차라리 취업을 원하는 직종에서 요청하는 캐나다 현지 자격증을 갖추거나, 기업의 인턴 혹은 파트타임으로라도 경력을 쌓아서 실제 업무에 맞는 스킬을 갖추고 취업 혹은 이직에 도전하는 것이 좋습니다. 해외 기업들은 철저하게 업무 역량을 중심으로 인재를 영입하기 때문에, 실질적으로 어떤 기술을 갖추고 있는지, 업무에 바로 적용 가능한지, 함께 팀으로 업무를 할 수 있는 사람인지가 중요합니다.

학벌 세탁까지는 필요 없지만, 캐나다에서 대학 선택이 중요합니다. 제가 권하는 대학의 요건은 이렇습니다. 영어 실력을 키울 수 있고, 취업을 원하는 업종의 기술을 획득할 수 있는 곳을 선택하세요. 예를 들어 캐나다의 대학에는 한국의 대학보다 훨씬 다양한 학과가 있습니다. 게이밍스포츠과, 이벤트학과 등 최신 트렌드를 따라가는 학과들부터 유망 직종의 학과들까지 국내 대학보다 훨씬 많고 폭넓습니다.

또 대학 졸업증보다 관련 업종의 필수 자격증을 땄을 때 정부기관에서 일할 수 있는 가능성도 열려 있으니, 꼭 학교에만 눈길을 주지 말고 여러 제도와 기관을 탐색해보세요. 장단기로 획득할 수 있는 계획을 세워놓고 하나씩 채워나가다 보면, 기회가 왔을 때 충분히 원하는 일자리를 얻을 수 있을 거라고 생각합니다. 캐나다 현지에서도 대학 순위가 있는데 이것은 참고만 하면 됩니다. 전체 순위 중 10위까지만 꼽자면 다음과 같습니다.

1. 토론토 대학교(University of Toronto, 온타리오)
2. 브리티시컬럼비아 대학교(University of British Columbia, UBC, 브리티시컬럼비아)
3. 맥길 대학교(McGill University, 퀘벡)
4. 몬트리올 대학교(Université de Montréal, 퀘벡)
5. 캘거리 대학교(University of Calgary, 앨버타)
6. 앨버타 대학교(University of Alberta, 앨버타)
7. 라발 대학교(Université Laval, 퀘벡)
8. 오타와 대학교(University of Ottawa, 오타와)
9. 맥마스터 대학교(McMaster University, 온타리오)
10. 웨스턴 대학교(Western University, 온타리오)

Q3. 해외 취업한 지 6개월 되었는데, 회사가 제가 생각했던 것과 다릅니다. 제 기대만큼 성장 가능성도 없어 보이고요. 지금 당장 이직할 생각은 아니지만, 오래 근무하고 싶지도 않습니다. 첫 경력인데, 빠른 이직이 제 경력이나 평판에 안 좋은 영향을 미칠까요? 이직 시기는 어떤 기준으로 어떻게 정하면 좋을까요?

A. 원하던 해외 취업을 했는데 막상 취직하고 보니 회사가 예상과 달라 당황하는 사람들을 간혹 봅니다. 회사가 오래갈 것 같지

않다는 생각이 들거나, 본인의 성장에 도움이 될 회사가 아니라는 판단이 들면 걱정이 많아집니다. 게다가 낯선 나라까지 와서 취업한 것이라 당장 결정을 내리기가 더더욱 힘들지요. 면접 때 회사에서 약속한 것과 다른 업무를 받을 수도 있고 생각한 방향과 다른 일들을 하고 있을 때 가장 많이 하는 질문이 이직 시기와 방법입니다. 무작정 일을 그만두고 다음 단계를 준비한다면 현실적인 어려움에 직면할 수도 있습니다. 개인별로 어려움은 다르겠지만, 많은 분들께 물어보면 비슷한 답을 할 것입니다. 그렇다면 일단 현업에 있을 때 이직이든 뭐든 준비해야겠지요.

저는 최소한 6개월을 두고 준비할 것과, 반드시 유종의 미를 거두고 나와야 한다고 말씀드리고 싶어요. 국내 기업이든 해외 기업이든 마찬가지입니다. 함께 일하던 사람들은 언제, 어디서 만날지 모른다고 생각하면서 어떤 업무를 하든 배우는 자세로 하는 것이 좋습니다. 특히 캐나다는 워크 퍼밋(Work Permit, 이 나라에서 일할 수 있는 허가서 또는 증명서로 일종의 취업 비자 또는 고용허가증) 관련해서 현재 일하고 있는 기업의 추천이 정말 중요하게 작용할 수도 있기에 이직을 쉽게 생각하면 안 됩니다. 아무래도 경력이 거의 없는 신입의 경우는 더욱 그렇죠.

애초에 약속했던 것과 다른 일이라도, 기대했던 것만큼 전망이 밝지 않다 하더라도, 지금 주어진 일들을 열심히 성실하게 배우는 것이 중요합니다. 어떤 일이든 배우고 익혀두면 어디서든 활용할 수 있기 때문입니다. 하다못해 기본적인 컴퓨터 용어나 팩스, 프린터 사용이라고 할지라도 말이에요. 사실 분야마다 다르겠지만 한 직장에서 어떤 프로젝트를 수행하고 마무리 지어 성과를 올리는 데까지 6개월은 결코 긴 시간이 아닙니다. 업계의 분위기가 있고, 회사가 완전히 문을 닫지 않는 한, 나에게 주어진 프로젝트는 어느 정도 마무리 짓고 다음 이직 단계로 넘어가는 것이 좋다고 생각합니다. 아마 다른 분야의 직장 선배들에게 조언을 구하더라도 비슷한 대답이 나올 것입니다.

트렌드가 빠르게 바뀌는 IT나 증권업계가 아니라면 최소 1년 이상은 머무르기를 권합니다. 사실 한국은 1년이 정규직 계약의 마지노선이기 때문에 대부분 1년을 최소한의 경력으로 여깁니다. 그 바탕에는 계약뿐 아니라 여러 법적 보호 제도와 1년 이상의 경력을 이력으로 인정하는 분위기가 있습니다. 회사의 비전이 전혀 보이지 않는다고 판단되어도, 업무를 지속하면서 이직을 준비하시기를 권합니다.

그 과정에서 여러 플랫폼들을 사용하겠지만 링크드인을 추천하는 이유가 있습니다. 이직하고 싶은 기업에서 수시로 인재를 뽑을 때 알림을 받을 수도 있고, 이직을 원하는 기업 혹은 직종의 선배들을 찾아서 궁금한 부분들을 해소할 수 있기 때문입니다. 인맥을 만들어가는 것도 어렵지 않고, 커뮤니티 활동을 통해 자신과 비슷한 사람들과 정보를 공유하기도 쉽습니다. 지금과 같은 코로나19 시기에는 선배들의 조언이 무엇보다 필요한데, 롤 모델들을 찾아 비대면 또는 가능하다면 대면 만남을 요청할 수도 있습니다. 저에게는 생각보다 많은 분들이 자신의 비즈니스에 관해 궁금한 사항들을 물어오는데, 그분들의 질문에 늘 열려 있습니다. 그러니 이직 계획을 세우고 시간을 들여서 차근차근 진행해나가시기를 바랍니다. 절대 감정적으로 자신의 상황에 휘둘리지 마세요.

Q4. 지인이 캐나다 무역회사에 취업해 1년 정도 일을 배우고 있었는데, 갑자기 비자 연장이 안 되어 한국으로 돌아갔습니다. 북미 취업의 경우 비자와 관련해서 이런 일을 방지하려면 어떤 준비가 필요한가요?

A. 해외, 특히 북미에서는 현지 취업에 성공했다고 해서 비자가 자연스럽게 해결되는 것은 아닙니다. 본인 스스로 A부터 Z까지 꼼꼼히 확인하고 챙겨야 복잡한 비자 문제에 얽히지 않을 수 있어요. 북미 취업은 크게 워크 퍼밋이 필요한 경우와 불필요한 경우로 나뉩니다.

현지 교육기관에서 1년간 공부하면 1년, 2년간 공부하면 최대 3년짜리 워크 퍼밋을 줍니다. 그 기간 동안은 공부하면서 일할 수 있는 시간을 버는 셈인데, 이러한 워크 퍼밋을 잘 이용하면 학교를 다니는 동안 파트타임이나 인턴으로 일하게 되더라도, 경력으로 만들어 어필할 수 있고, 현지 기업으로의 이직을 충분히 준비할 수 있습니다. 또한 워크 퍼밋이 완료되더라도 업무 능력을 증명할 수만 있다면 연장이 가능하고, 또는 회사에서 인정받는 재원이라면 영주권 신청을 회사를 통해 지원받을 수도 있습니다. 그러니 너무 큰 걱정은 하지 않아도 됩니다. 혹은 배우자가 이미 워크 퍼밋이 있는 경우 본인은 조건 없이 워크 퍼밋 획득이 가능합니다.

사실 영주권은 취업을 준비하는 신입에게는 현실적으로는 당장 진입하기 어려운 체류 방식입니다. 엔트리 익스프레스(Entry Express)로 몇 년제 학교를 나왔는지, 학교 점수, 이전 직장에서의 경력(최장 3년까지 인정), 나이 점수, 영어 점수 등을 바탕으로 전체 점수를 합산하여 가능성을 타진해보면서 도전하기를 권합니다. 이전 직장의 경력은 10년이 넘든 넘지 않든 최대한 3년까지만 인정되고, 나이는 많을수록 점수가 낮아지므로, 저는 사실상 높은 점수를 얻기 어려운 상황이었어요.

같은 배경에 나이만 어려도 점수가 높으므로, 한 살이라도 젊을 때 도전하면 좋지만 사람마다 처한 상황과 본인이 충족하는 조건들이 각자 다를 수 있기 때문에 도전을 결심했다면, 그때가 바로 도전하기 가장 좋은 시점이라고 생각합니다. 또한 추가로 비자뿐만 아니라 영주권 및 이민까지 고민하는 분들께 간단히 캐나다 영주권 지원하는 방법(이민하는 방법) 중 2가지, 주정부 노미니 프로그램(PNP, Provincial Nominee Program)과 독립이민(연방정부 이민)을 소개합니다. 각 주마다 내용이 조금씩 다를 수 있습니다.

첫 번째, 노미니 프로그램은 캐나다의 각 주마다 실행하고 있는 주정부 이민 프로그램입니다. 각 주에서 일정 기준을 가지고 후보자(nominee)를 미리 신청받아 주정부 심사를 거친 후 통과하면 다시 연방정부로 최종 심사를 넘깁니다. 독립이민에 비해 훨씬 짧은 기간(2년 이하) 안에 영주권 취득이 가능합니다.

두 번째, 독립이민(연방정부 이민)은 기능인(skilled worker)으로 신청하려면 정해진 직종에 대한 경력 등 평가 항목마다 일정 점수 이상이 되어야 합니다. 캐나다에서 일정 기간 이상 근무한 경력이 있거나, 한국에서 3~4년 이상 관련 분야 경력, 최종 학력, 영어 점수 등 요구하는 항목들이 있기 때문에 미리 알고 준비해야 합니다.

앞에서 언급했듯이 북미권은 실제 업무 능력을 가장 중요하게 여기기 때문에, 출신 학교보다 학교 점수나 업무의 성과, 프로젝트에서 어떤 기여를 했는지 등 실제 능력을 위주로 어필하는 것이 중요합니다. 질문자의 지인은 현지 교육기관에서 1년 공부한 뒤에 1년만 워크 퍼밋이 가능했는데, 6개월간 쉬었기에 취업이 6개월만 가능했던 것으로 짐작됩니다. 2년 전만 해도 1년간 공부하면 1년만 취업 비자 연장이 가능했기 때문입니다. 지금은 이민자 개방 정책으로 취업만 하면 연장이 가능한데, 이 제도도 언제까지 유지될지는 알 수 없습니다. 북미 취업은 본인이 끝까지 책임지고 꼼꼼히 확인하는 것이 필수입니다. 스스로 챙기기 어려운 경우, 이주공사나 사설 유학원과 함께 진행해도 좋습니다. 유학원이야말로 비자와 관련해서는 전문가 중의 전문가라고 할 수 있습니다. 해외에 나와서는 본인이 하기 어려운 일은 다른 사람의 손을 빌려야 합니다. 특히 캐나다에 처음 와서 취업한 경우라면, 비용을 좀 들여서라도 전문가의 도움을 받는 것이 좋습니다.

Q5. 캐나다 한국 회사에서 근무 중인데 현지 회사로 이직하고 싶습니다. 어떤 경로를 밟는 것이 가장 좋을까요? 방법과 절차를 자세히 알고 싶습니다.

A. 현지 한국 회사에 근무 중인데 현지 기업에 어떻게 취업하는지 묻는 질문도 많이 받고 있습니다. 한국에서는 평생교육원이라고 부르는 교육과정을 캐나다에서는 컨티뉴잉 스쿨(Continue School)이라고 부릅니다. 컨티뉴잉 스쿨을 다니면서 필요한 자격증과 기술을 습득하고 가능하다면 지금 다니고 있는 회사와 별개로 파트타임이나 인턴십 등을 통해 새로운 경력으로 인정받을

수 있도록 준비해나가면 좋습니다.

예를 들어 마케팅을 전공한 제가 요즘 실제 업무에 많이 활용되는 UI/UX를 공부하고 싶다면, 이때 활용 가능한 것이 컨티뉴잉스쿨입니다. 평생교육원처럼 본업을 가지고 있으면서 다른 커리어를 쌓고 싶거나, 다른 전공을 배우고 싶은 분들이 짧은 시간 내에 수료할 수 있는 가장 확실한 제도입니다. 게다가 유명 대학의 UI/UX를 수료했다면, 내 이력서에 그 대학의 이름을 그대로 넣을 수도 있습니다. 그러니 취업을 준비하는 사람들에게는 더없이 활용도가 높은 셈입니다.

현지 한국 회사에서 일하는 장점은 우선 당장 영어가 크게 필요하지 않을 수 있다는 것, 익숙한 환경에서 업무할 수 있다는 것입니다. 커뮤니케이션에 큰 무리가 없으므로 해외 현지에서 업무를 배우고 수행하는 속도가 빠를 수 있습니다. 그렇지만 해외 취업을 한 것과는 완전히 다르다고 분명히 느끼실 겁니다. 현지 기업에 취업하기 위해서 온 것이라면 목적을 다시 한 번 상기하고 내가 가고자 하는 현지 기업에서 인정하는 능력들을 하나씩 갖춰나가는 것이 중요합니다.

일반적으로 현지 기업들은 공채를 통해 인재를 영입하는 방식이 아닌 추천, 혹은 수시로 인재 영입을 하고 있기 때문에 관련 업계 선배들의 추천이나 도움이 절실합니다.

링크드인에서 인맥을 어떻게 관리하는지에 대한 방법들을 이야기한 것은 그만큼 캐나다는 인맥이 취업과 직결되는 중요한 요소이기 때문입니다. 그러니 현지 기업에 취직하기로 마음먹었다면 링크드인에서 활용할 수 있는 여러 방법들을 기본으로 삼고, 나만의 네트워킹을 구축해나가는 데 힘쓰기를 추천합니다. 현지 기업이 아니더라도 어느 회사든 포지션이 발생하면, 잘하는 사람을 추천받고 싶어 합니다. 어떠한 상황에도 늘 준비된 사람은 그 기회를 절대 놓치지 않을 것이고요.

현지 한국 기업에 다니고 있더라도 무작정 사직하라고 말씀드리지 않는 건, 어찌 되었든 한국 기업이라도 법인 자체는 현지 기업으로 등록되어 있기 때문입니다. 이런 이유로 실력만 갖춘다면 이직할 때 경력으로 인정받기 어렵지 않을 것입니다. 어쨌든 경험의 유무는 확연한 차이가 있으니, 이직을 결정했다면 링크드인 및 플랫폼을 통해 먼저 잘 찾아보고, 같은 경험을 하신 분들의 이야기도 잘 들어보고 계획을 잘 세워서 실행에 옮기시기를 바랍니다.

Q6. 외국 기업의 조직문화가 궁금합니다. 특히 북미나 유럽 사람들은 동양권 나라와 문화 차이가 있을 것 같습니다. 어떤 점을 미리 알아두면 좋을까요? 그리고 커뮤니케이션이나 회사 생활을 할 때, 동료들과 일상을 공유할 때 특별히 주의해야 할 점이 있나요?

A. 조직문화가 한국과 다르다는 느낌은 언어에서부터 느낄 수 있습니다. 아무래도 예의를 중시하는 한국어의 특성상 수직적으로 느껴지고, 그게 조직문화에도 그대로 반영되니까요. 해외에서 일할 때는 개인의 성향과 이런 조직문화가 낯설게 느껴질 텐데요. 적극성과 능동성 그리고 자기 의견을 충분히 피력하는 태도가 좋게 받아들여집니다. 한국처럼 조용히 일하고 수동적으로 따라가다가는 본인 의견도 없는 나약한 사람이라는 평가를 받기 쉬운 것이 캐나다의 조직문화입니다.

사실 현지에서 어떤 분위기에서 일하느냐도 경우에 따라 다르기도 합니다. 예를 들어 저는 직설적인 편이고, 할 말 다 하는 데다 의견 내는 것을 좋아합니다. 그래서 좋은 의견은 칭찬으로 화답해주고, 의견을 잘 들어주는 수평적인 분위기가 너무 좋게 느껴졌어요. 언어적으로도 상하구조가 아니라서 해야 할 이야기를 꺼내는 것 자체가 부담스럽지 않고 마음이 편했죠. 한국 기업에 다닐 때는 의견을 내면 직급을 들먹이며 묵살하거나 자기주장이 강하다는 비난 아닌 비난을 듣기도 했는데, 그에 비하면 이곳은 정말 저에게는 물 만난 고기 같은 곳이었습니다.

캐나다의 조직문화는 일할 때 열심히 하는 걸 좋아하고, 칭찬을 많이 해주고, 잘못이나 실수가 있더라도 어느 부분을 수정하면 좋겠다고 의견이나 방법 등을 구체적으로 제시해주는 분위기가 가장 큰 특징입니다. 이런 분위기는 조직원들에게 앞으로 계속 전진할 수 있는 동기부여를 주죠. 그게 저하고 잘 맞다는 생각을 많이 했어요. 저는 캐나다 현지 회사 여러 곳에서 일해봤는데, 대체로 다른 회사에서도 비슷한 느낌을 받았습니다. 직관적으로 서로를 대하고, 할 말은 꼭 하되 실력과 열정은 온전히 인정해주는 분위기입니다. 영어라는 언어 자체가 수평적이고 솔직한 대화가 가능한 점도 한몫했던 것 같고요. 한국인들 사이에서 자주 일어나는 쓸데없는 감정 소모가 적다고 느꼈습니다. 서로 간의 알력 다툼이 전혀 없다고 할 순 없지만, 크게 신경 쓰일 정도는 아니었습니다. 그렇지만 저와 다른 성향을 가진 사람들에게는, 어쩌면 이런 분위기가 외롭다거나 소외감으로 느껴질 수도 있다는 생각이 듭니다. 각자 자기 할 일만 알아서 하면 되고, 주변인들에 크게 신경 쓰지 않는 것처럼 느껴지거든요. 그럴 때 향수병이 생길 수도 있을 것입니다. 이럴 때 함께 이야기를 나눌 상대가 있으면 정말 큰 도움이 됩니다. 현지에서 나의 일상을 나눌 수 있는 사람들을 잘 만들어가면 좋겠습니다.

Q7. 해외에서 첫 직장을 얻고 싶어요. 어디로 가는 것이 가장 수월할까요? 해외 취업이 가능할까요? 어떤 방법으로 시도해야 할지, 직종에 맞는 국가가 따로 있는지, 나라별로 참고하고 주의해야 할 사항이 있는지 궁금합니다.

A. 신입의 경우 북미 취업을 고려하고 있다면 언어나 자격증 혹은 필요한 기술, 취업 비자 등의 업무 조건이 생각보다 까다롭다고 느낄 수 있습니다. 알아봐야 할 조건들이 많아서 북미 쪽으로 취업을 생각하기에는 지금 나의 상황이 많이 부족하다고 여겨지는 것입니다. 우선 대학을 갓 졸업한 상태에서 해외 취업을 고려하고 있다면 가장 먼저 나의 객관적인 조건(프로젝트 경험, 업무 기술)들을 파악하고, 내가 원하는 업무와 생활 분위기를 고려해서 가고 싶은 나라, 기업, 직군 등을 찾아보기를 권합니다.

최근에는 K-컬처, 즉 한국 문화가 전 세계적으로 환영받는 분위기입니다. 관련 기업들의 해외 진출도 활발하고, 해외 현지에서도 한국어 가능자를 점점 더 선호하고 있습니다. 또 한국에 진출하기 위한 해외 기업들의 노력도 두드러집니다. 이로 인해 해외에 진출한 한국 기업들, 한국과 연결되고자 하는 해외 기업들의 한국인 채용, 한국어 가능자 채용이 이전보다 많아진 것이죠.

우선 나의 관심 분야를 명확히 정하고 해당 기업들을 공략해보는 것도 하나의 방법입니다. 신입이라면 더욱이 가장 먼저 취업하고자 하는 나라, 관심 있는 업계, 직무를 머릿속으로 생각해두고, 실제 내 적성에 맞는 나라, 한국어 가능자 포지션 수요가 많은 곳을 위주로 취업 비자를 알아보면 좋을 것입니다. 그리고 실제로 현지에서 필요한 집값이라든지 세금 등을 고려해보세요.

그런 구체적인 계획을 세우는 일이 어렵다고 느껴진다면, 아시아권의 허브 역할을 하고 있는 싱가포르와 홍콩 등을 추천합니다. 홍콩은 최근 중국의 영향력 때문에 외국인들의 취업에 대한 규제가 이전보다 조금 더 강해지기는 했지만, 여전히 해외 유수의 기업들이 진출해 있고, 업무에서도 영어를 공식 언어로 사용하고 있죠.

싱가포르는 같은 중화권이지만 자유로운 분위기와 깔끔하고 이지적인 도시 느낌을 갖고 있으며, 같은 아시아권인 한국인들이 취업하기에 좋습니다. 치안도 안전하고, 영어로 업무를 진행하기 때문에 조건만 갖춰진다면 면접 기회를 노려볼 수 있습니다. 면접 조건은 기업마다 다르겠지만 학력과 점수, 관련 업무 자격증, 관련 경력에서의 성과 등을 어필하면 됩니다.

글로벌 기업들이 싱가포르를 허브로 사용하고 있으니, 해외 취업에서는 최적의 도시이기도 합니다. 그리고 정부기관이나 단체들의 해외 취업을 장려하기 위한 프로그램들을 활용하거나, 국내 기업의 해외 지사로 취업, 또는 단기 취업 비자를 활용해서 문화교류, 워킹 홀리데이, 코업(Cooperative Education, 실습이 의무적으로 포함된 고등교육과정) 등으로 단기 해외 취업의 기회를 가져보고 경력으로 만들어두면 좋습니다. 지금 당장 북미로 취업하지 않아도 괜찮다면 이런 나라나 도시들에서 2~3년 정도 경력을 쌓으면서 실제 필요한 자격들을 좀 더 갖추고 북미 취업에 도전해보길 추천합니다.

Q8. 링크드인에 가입한 지 3개월째입니다. 그런데 아직도 1촌 신청이 10명밖에 없어요. 그런데 저와 비슷한 시기에 가입한 제 친구는 1촌이 벌써 70명이라고 합니다. 그리고 매일매일 늘어나고 있고요. 제가 뭘 더 해야 할까요? 제가 잘못하고 있는 부분이나 부족한 부분은 뭘까요?

A. 링크드인은 목적이 분명한 비즈니스 SNS입니다. 개인의 모든 활동이 비즈니스로 이어진다고 생각해야 합니다. 이직이든 취업이든 개인사업이든, 활발하게 링크드인을 이용해야 합니다. 가만히 있어도 누구나 찾아오는 인재가 아닌 이상, 우리는 움직이고 계속 도전해야 합니다. 따라서 사람들과의 소통이 중요합니다. 우선 본인의 부족한 부분을 살펴볼 수 있는 안목을 키워야 합니다. 함께 시작한 친구는 벌써 1촌이 70명인데 나는 1촌이 10명이라면 나에게 부족한 부분은 무엇인지를 알아봐야 합니다. 친구의 것과 나의 것을 함께 열어두고 살펴보면 좋습니다. 가장 먼저 친구의 링크드인 화면과 나의 링크드인 화면을 나란히 띄워놓고 다음 순서대로 살펴봅니다.

1) 프로필의 전체적인 느낌이 어떻게 다른지 살펴봅니다. 사진에 직종의 분위기가 드러나는지, 헤드라인과 배너에 나에 대한 설명과 소개가 잘되어 있는지 등을 살펴보세요.

2) 학력과 경력 사항, 자격증을 어떻게 표현했는지 비교해봅니다. 일반 이력서처럼 내가 한 일에 대해서만 나열하지 않았는지를 보고, 내가 성취했거나 성공한 이력을 중심으로 재배열하면 좋습니다.

3) 추천 혹은 추천서를 비교해봅니다. 교수님 혹은 동료들, 선임들, 얼마나 믿을 만한 분들의 글인지가 중요합니다. 그 글의

나의 링크드인 예시

친구의 링크드인 예시

내용에 내가 얼마나 이 일에 적합한 사람인지가 드러나야 합니다.

친구의 것과 비교가 끝났다면 나와 비슷한 수준이나 직급에 있는 두세 사람을 롤 모델로 삼아 같은 방식으로 비교해보세요. 이런 과정을 여러 번 하다 보면 차이점이 보입니다. 이렇게 벤치마킹을 하면서 나만의 장점들을 프로필에 담다 보면 기본적으로 잘 정리되었다는 생각이 들 거예요. 그러고 나서 다음 단계로 넘어가 관계를 넓힐 만한 1촌이나 커뮤니티의 문을 두드려보는 겁니다. 비교가 끝났다면 링크드인 필수 체크리스트(132쪽)에 따라 1촌이 늘어나지 않는 이유를 꼼꼼히 체크해봅니다.
정공법은 아니지만 시간이 없을 경우 지름길로 활용해보면 좋을 것입니다. 참고 가이드라인에 따라 '예 또는 아니오'를 체크해보면, 나의 프로필도 정리되고 새로운 1촌들을 분명 만나게 될 겁니다. 그렇지만 시간을 충분히 들여서 차근차근 단계를 밟아나가는 것이 훨씬 좋습니다.

Q9. 링크드인을 믿고 들어간 회사가 생각했던 것과 전혀 달랐다는 피드 또는 반대로 링크드인에서 조목조목 살펴보고 사람을 구했는데 전혀 다른 기술을 가진 사람이 들어와 애먹었다는 피

드도 있다고 합니다. 링크드인에서 구인 구직 시에 유의할 점이 있을까요?

A. 인재의 이력난에 어떤 포지션에 대해 화려하게 기재되어 있어 면접을 진행하고 최종적으로 채용했습니다. 그런데 실제로 일을 시켜보니 기재된 스킬에 대한 숙지가 제대로 되어 있지 않아 처음부터 가르쳐야 하나 고민하게 되었습니다. 링크드인을 믿고 채용했는데, 자격에 못 미치는 사람이 들어온 것입니다.
회사의 업무 역량 등을 파악하는 과정에서 링크드인에 기재된 내용들과 나의 스킬들이 잘 맞아떨어지는 것 같아서 지원하고 입사했는데 막상 근무해보니 내가 가진 기술을 활용할 만한 수준이 아니어서 정말 실망했다는 사람도 있습니다.
구직자의 입장에서 기대와 다른 회사일 수도 있고, 실제로 회사도 사람을 잘못 뽑은 경우가 충분히 있을 것입니다.
아무리 링크드인이라도 모든 내용을 완벽하게 다 믿으면 안 된다는 말씀을 드리고 싶어요. 그렇지만 기대 수준과 포지션이 맞는지, 구직자 혹은 회사의 입장에서 명확하게 스스로를 파악하고 정직하게 이야기하거나 단시간 내에 발전시킬 가능성이 있다면 상대방에게 어필해볼 수도 있겠지요. 북미 회사는 우리나라처럼 수습 기간을 두고 채용한 사람의 스킬을 지켜보기도 하니 참고하면 좋겠습니다.

구직자 입장에서 이런 상황들을 미리 방지하고 조직 분위기 등을 미리 알아보기 위해 쿼라(www.quora.com) 등의 사이트를 참고하면 좋습니다. 시시콜콜한 이야기부터 조금은 심도 깊은 질의응답들도 있습니다. 우스갯소리로 피지에 있는 구멍가게 사장님 뒷담화도 올라와 있다고 할 정도로 업계 뒷이야기까지 볼 수 있는 광범위한 사이트입니다. 예를 들어 회사에 대한 믿음이 가지 않을 때, 어떤 부정적인 이야기들이 나와 있는지, 그럼에도 불구하고 업무를 하고 싶다는 생각이 들어 회사의 평판 등을 알아보고 싶다면, 이런 사이트를 활용해봐도 나쁘지 않다고 생각합니다.

Q10. 저는 졸업하고 바로 회사에 취직한 2년 차 사회 초년생입니다. 그런데 지금 다니는 회사가 제 천직이 아닌 것 같습니다. 현실적으로 진짜 나에게 맞는 직종을 찾아 그 안에서 성취를 느끼며 성장하고 싶습니다. 해외 취업까지 폭넓게 염두에 두고 있는데, 지금 상황에서 제가 할 수 있는 방법들을 알고 싶습니다.

A. 인생의 어느 지점에 서 있든 내가 좋아하는 것과 잘하는 것이 무엇인지는 늘 궁금한 것 같습니다. 초중등 과정을 통해 잘하는 것들을 찾아 학업의 기초를 쌓고, 고등 과정에서 심도 있게 학업을 키우고, 대학에서 심화 과정을 통해 사회에 도움이 될 수 있는

능력을 만들어가는 것, 이러한 과정이 가장 이상적인 교육의 방향이라고 생각되지만 현실은 전혀 다릅니다. 대학을 나와도 내가 잘하는 것이 무엇인지, 내가 좋아하는 것이 무엇인지를 계속해서 묻고 물어도 그 답을 찾기가 어렵습니다. 내가 스스로 주도해서 나의 능력을 키운 것이 무엇인지 되묻기도 합니다.

그렇기 때문에 위와 같은 질문이 당연히 나올 수밖에 없는 것 같습니다. 인생의 어느 지점에서도 위와 같은 질문이 나오지 않으면 좋을 텐데 쉽지 않습니다. 그래서 저는 고등학교이나 대학, 취업 준비 과정 중간중간에 나의 길을 찾아야 할 때라는 생각이 들면 나의 흥미, 적성, 성격, 직업가치관 등에 대한 검사를 가능한 많이 해보기를 추천합니다.

워크넷과 커리어넷 사이트를 통해 흥미·성격 검사, 직업선호도 검사 혹은 직업흥미 검사, 직업적성 검사, 직업가치관 검사, 진로심리 검사 등을 해볼 수 있습니다. 직업선호도 검사 혹은 직업흥미 검사는 직업 정보 탐색에 도움을 주는 진로 검사로, 중학생부터 대학생까지 직업을 탐색하는 개인을 대상으로 합니다. 160여 개의 직업명을 제시하고 그에 대한 흥미나 관심 유무에 답하는데, 현실적, 연구적, 사회적, 습관적, 기업적, 예술적 영역의 6개 흥미 영역과, 자기통제, 남성·여성 경향, 지위 지향, 드문 반응, 순종 반응의 5개 경향 척도에 대해 개인의 특성을 측정합니다. 자신에게 맞는 직업을 판정하는 검사가 아니고 진로 선택에서 자기 이해를 돕기 위한 중요한 근거가 될 수 있습니다.
직업적성 검사는 직무적성 검사를 진행하기 전에 우선적으로 실시하는 검사입니다. 자신의 성격, 직무 능력, 흥미, 관심도 등을 종합적으로 분석하여 적합한 직업을 선택할 수 있는 검사입니다. 인성 검사에는 준법, 지도, 자주, 책임, 협동, 근면, 집중 등 15개 항목과 기타 30개 항목을 검사하고, 직무능력 검사로 논리, 사고, 응용, 창의, 이해, 수리, 판단, 탐구 등 8개 항목 및 16개 하부 항목을 검사합니다. 직업가치관 검사는 만 15세 이상 청소년을 대상으로 중요하게 생각하는 직업가치관을 측정해서 직업가치를 실현할 수 있는 직업을 안내해줍니다. 검사 결과에 나오는 직업 정보는 한국고용정보원에서 제공하는 직업 정보와 연결되어 있기 때문에, 검사 후에 상세한 직업 정보를 탐색할 수 있습니다.

(김춘경 외, 《상담학사전》, 학지사, 2016)

이상의 검사를 통해 우선 내가 잘할 수 있는 영역을 찾아 현실 가능성을 타진해보고 타협점을 찾아가면 좋겠습니다. 나의 성향 또는 현실의 트렌드에 맞춰 내가 갈 수 있는 영역, 내가 가고 싶은 영역을 명확하게 알고 나면, 이전과는 달리 선택의 방향과 직업이 선명하게 보일 것입니다. 이런 검사들은 꼭 교육과정에 있지 않더라도, 나를 잘 알기 위한 방법들 중 하나이기 때문에 청년이든 중년이든 검사를 해보고 싶은 마음과 의지만 있다면 얼마든지 해도 괜찮다고 생각합니다. 꼭 그 길을 가지 못하더라도, 내가 잘할 수 있는 영역은 이곳이구나, 나의 흥미는 이런 영역에 있었구나를 파악하고 나면, 또 다른 길을 찾는 시기에 충분히 도움받을 것입니다. 나 자신과 나의 능력을 믿을 수 있는 또 하나의 근거를 마련할 수 있다고 생각합니다.

Q11. 한국에서 일하다 진로 변경을 위해 캐나다에서 공부 중인 늦깎이 학생입니다. 캐나다 회사들은 구인 공지를 어떻게 하는지, 면접 예상 질문은 어떻게 알아볼 수 있는지 궁금합니다. 그리고 근무 결정이 난 뒤(잡 오퍼를 받은 뒤)에는 회사 생활 노하우, 야근, 회식, 사무실 문화 등 캐나다 문화에 맞게 무엇을 미리 알아두고 준비하면 좋을지도 궁금합니다.

A. 한국에서는 상반기 하반기에 있을 공채를 대비하면 되는 반면, 캐나다는 기업의 정원이 발생할 때마다 그 자리를 뽑는 경우가 대부분입니다. 따라서 관심 있는 기업들의 인재 채용 정보는 평소에 계속 주시하고 있어야 합니다. 항상 준비되어 있어야 한다는 뜻입니다.

한국의 경우는 공채 지원자와 신입 지원자의 스펙이 비슷해서 학력으로 뽑는 경우가 많다고 이야기합니다. 그런데 해외 기업은 수시로 지원자를 받으므로, 학력보다는 실무 능력을 위주로 인재를 선발합니다. 원하는 업종의 기업들을 리스트로 만들어 두고, 필요한 자격증, 능력 검증을 위한 경력, 경험, 성취 등을 중심으로 이력서와 프로필을 작성하고, 이를 위주로 자신의 능력을 어필하는 것이 가장 중요합니다. 또 한국의 공채에서는 생각하기 어려운 점이 기업에 관련된 직간접적인 질문들은 지원자가 직접 웹서핑 등을 통해 찾아내야 한다는 것입니다. 해외에서는 그렇게 찾기도 하지만, 기업의 HR 담당자에게 따로 연락해서 질문해도 됩니다. 첫 면접이 진행되기 전에 HR 담당자에게 인사 메시지와 인터뷰할 내용에대해 문의하고 도움받을 수도 있습니다. 직접 이메일이나 연락처를 물어서 따로 질문할 수도 있고, 링크드인을 통해 담당자에게 메시지를 보낼 수도 있습니다. 물론 담당자에 따라 대처가 다르겠지요.

하지만 대부분의 경우 회사에 대한 나의 열정이나 관심으로 평가받을 수 있고, 면접에 대한 팁도 들을 수 있습니다. 그렇게 된다면 다음 면접으로 넘어갔을 때, 감사의 인사를 통해 또 한 명의 인맥을 만들 수 있겠지요. 그 회사에 입사하지 못하더라도, 기회는 어떻게 다가올지 알 수 없고, 추천으로 인터뷰가 진행되는 경우도 많기 때문에 꼭 지금이 아니더라도, 다음번에 또다시 기회가 찾아올 수 있다는 것을 기억하면 좋겠습니다.

기업문화도 한국과 해외가 많이 다릅니다. 제가 다닌 해외 기업은 야근이 없었고, 퇴근 후인 저녁 6시 이후에는 연락을 받은 적도 없습니다. 대부분 가족과 저녁을 보낼 수 있는, 저녁이 있는 삶을 살고 있습니다. 사실 한국에서 일할 때는 아침 일찍 출근해서 늦은 밤까지 일하고, 하루 중 내 시간이 보장되는 때는 잠잘 때뿐이구나 하는 생각을 많이 했습니다. 극단적으로는 한국에서 일을 많이 하고 돈을 더 받았어도, 캐나다의 근무 환경이 훨씬 더 좋다고 생각했습니다.

회식문화도 완전히 다릅니다. 회식이 있다 하더라도 근무 시간에 간단히 게임이나 이벤트를 준비해서 다 같이 가볍게 즐기며 퇴근 시간을 지킵니다. 지금 근무하고 있는 회사는 때때로 회식에 가족들을 초대해서 모두 함께 시간을 보내기도 합니다. 가족 같은 분위기로 서로의 일상이나 고민도 친근하게 나눌 수 있습니다. 여러 나라의 직원들이 근무하는 환경이라(베트남, 필리핀, 인도에서 재택근무를 하는 직원들이 있다) 때로는 줌으로 이벤트를 열기도 합니다. 물론 회사마다 분위기가 다르겠지만, 다른 회사에 근무하는 분들의 이야기를 들어봐도 퇴근 시간 이후의 연락이나 술을 강요하는 회식 자리는 들어본 적이 없습니다.

Q12. 대학 졸업을 앞두고 국내뿐 아니라 해외 취업도 고려하고 있습니다. 해외 취업에서 이력서의 중요성은 얼마나 되나요? 링크드인의 프로필 페이지나 잘 만들어진 이력서 자체만으로도 회

사 면접 시 가산점을 받을 수 있을까요? 그리고 이력서 형식이나 작성 방법을 알 수 있는 정보 플랫폼을 추천해주실 수 있나요?

A. 국내 취업을 준비할 때는 이력서에서 다른 사람들과 별다른 차이가 없더라도 자기소개서에서는 변별력이 있다고 말하지만 그래도 학력을 무시하지 못한다고 합니다. 출신 학교를 블라인드 처리했는데 채용하고 보니 SKY 출신들이 많더라는 이야기를 들어보셨을 겁니다. 그만큼 국내 채용시장에서 획일적인 기준으로 인재를 뽑을 때는 한국 특유의 능력 검증이 학력으로 표현된다고 해도 과언이 아닙니다. 하지만 사람들마다 각자 가지고 있는 능력은 정말 다양합니다. 해외 취업에서는 한국의 학력이 중요하지 않을뿐더러, 실제 정원이 생긴 자리에 맞는 역량을 갖춘 사람들을 뽑는 경우가 많습니다. 따라서 많은 경험이나 기술을 발휘해서 할 수 있는 직무 능력을 보여주는 것이 정말 중요합니다.

이력서는 내 얼굴입니다. 추천으로 면접을 보는 것이 아닌 한 취업할 때는 오직 이력서를 통해서만 나를 보여줄 수 있으니 그 중요성은 말할 필요가 없습니다. 뛰어난 실력을 갖추고 있더라도 이력서에 제대로 표현되어 있지 못하면 HR 담당자가 나를 적합한 사람으로 판단하기 쉽지 않을 것입니다. 반면 실력이 조금 부족하더라도 이력서에 지원하는 포지션에 맞춰 자신의 경력과 성취한 것들을 명확하게 표현하고, 회사에서 일하고 싶은 간절함을 잘 드러냈다면 다음 면접까지 이끌어낼 수 있을 것입니다.

해외 기업에서 추천을 선호하는 이유 중에 하나는 인맥을 통해 취업한 경우 더 성실하고 더 오래 근무하는 경향이 있기 때문입니다. 그렇지만 한국인으로 해외 취업에 도전할 때 인맥을 잘 만들어서 추천받는다는 것은 아예 불가능한 일은 아니지만 쉽지 않은 일이지요. 추천 없이 기업에 이력서를 넣어서 면접을 보는 경우가 훨씬 많을 것입니다. 추천이든 아니든 이력서에서 자신의 실력을 잘 어필할 수만 있다면 분명 HR 담당자가 관심을 가질 것입니다.

먼저 지원하는 기업과 포지션에 대해 정확하게 알고 그것을 잘 표현해야 합니다. 그러기 위해서는 거기에 맞는 자신만의 실력과 강점을 살려서 어필할 수 있어야 합니다. 내가 여러 가지 기술을 갖고 있다 하더라도 포지션에 맞지 않으면 기업 입장에서는 다음 면접을 진행하기 어렵습니다. 기업 입장에서 나라는 사람을 왜 뽑아야 하는지를 생각해보면서, 내가 가진 스킬 중 포지션에 맞는 능력과 경험들을 위주로 이야기하면 좋습니다.

이력서는 내가 주어진 직무를 잘 수행해낼 사람인지를 알려주는 설명서와 같다고 생각하면 됩니다. 꼭 들어가야 하는 설명이 빠져 있거나, 너무 복잡하면 이해하기 힘듭니다. 굳이 필요 없는 내용으로 분량만 채우지 않아야 합니다. 지원 포지션과 관련해 내가 가진 능력을 활용해서 성과를 낸 것이 있다면 구체적으로 적고, 다른 많은 경험들이 있다고 하더라도 불필요한 부분이라면 과감하게 정리하는 것이 좋습니다. 이렇게 3~5개 정도의 핵심 스토리로 나눠서 임팩트 있게 나의 성과를 보여주는 것이 중요합니다. 여담으로 HR 담당자들이 이력서 하나를 읽는 데 쓰는 시간이 10~30초 정도라고 합니다. 그 짧은 시간 동안 나를 충분히 보여주려면 내용이 절대 복잡해서는 안 되겠지요.

영문 이력서를 쓸 때는 자기 전문 분야에 맞는 동사를 사용하게 되는데, 같은 동사를 계속해서 쓰지 않도록 하고, 직무 포지션에 맞게 경험을 쌓아왔다는 것을 잘 보여줄 수 있는 역동적이고 긍정적인 단어들을 사용하면 좋습니다.

이력서 템플릿은 직업 영역에 맞는 형식을 활용하는 것이 좋습니다. 캔바(www.canva.com)와 같은 이력서 템플릿을 무료로 다운로드할 수 있는 곳이 많은데, 구글 같은 검색엔진에서 '이력서 템플릿(resume template)'을 검색하면 다양한 폼을 찾아볼 수 있습니다. 공기업 제출용, 디자이너들이 쓰는 템플릿 등 기업 분위기에 맞게 다양한 폼을 활용하면 됩니다. 내 이력서의 어느 부분을 개선해야 하는지 분석해주는 사이트들을 통해 수정해나가거나, 영문 이력서를 처음 작성하는 분들이라면 1 : 1로 영문 이력서를 코칭해주는 분들의 도움을 받는 것도 좋습니다.

북큐레이션 • 4차 산업혁명 시대를 주도하는 이들을 위한 라온북의 책

《링크드인 취업 혁명》과 함께 읽으면 좋을 책. 기존의 공식이 통하지 않는 급변의 시대, 남보다 한발 앞서 미래를 준비하는 사람이 주인공이 됩니다.

이직 혁명

이창현 지음 | 16,000원

이직 필수 시대! "더 이상 이직이 두렵지 않다"
나의 가치를 높여 채용 시장에서 살아남는 방법

직장인들은 늘 자신의 직장에 대해 고민한다. 그러나 이직하고 싶다고 해서 그냥 이력서만 넣는다고 되지 않는다. 《이직 혁명》은 헤드헌터이자 커리어 컨설턴트인 저자가 다양한 직장인들을 성공적인 이직으로 안내해온 이직 노하우를 한 권으로 담아낸 책이다. 이직 준비를 위한 커리어 패스 만들기부터 채용 시장에서 살아남는 경력기술서와 면접 스킬, 헤드헌터와 함께하는 이직 준비까지 세세한 사항들을 설명한다. 이 책을 통해 급변하는 사회에서 기업이 원하는 인재상에 맞게 자신의 커리어를 개발하는 방법을 얻고, 이를 바탕으로 원하는 회사로 이직할 때까지 이직 활동을 지속해나갈 수 있는 원동력을 갖게 되길 희망한다.

ZZIN 디지털 노마드 창업

류희은 지음 | 14,500원

사무실로 출근하지 않아도
근로소득 만드는 디지털 노마드 창업!

이 책은 현시대에 가장 알맞으면서도 즐겁게, 어렵지 않게 시도할 수 있는 '디지털 노마드 창업'에 대해 소개한다. 대학교 2학년에 월 1,000만 원을 벌기 시작하면서 20대에 벌써 미니 은퇴를 선포한 저자는 스타트업, 프리랜서, 1인 기업까지 다양한 경험을 해왔다. 이를 바탕으로 스타트업, 프리랜서, 1인 기업의 차이점을 설명하며 왜 디지털 노마드 창업이 좋은지, 디지털 노마드 창업을 위해 꼭 필요한 것, 디지털 노마드 회사 운영기, 꾸준히 디지털 노마드 라이프를 즐기는 방법 등을 알려준다.

스마트오피스에
대한 가장 완벽한
해답

스마트오피스 레볼루션

김한 지음 | 15,800원

10년 후에도 우리 회사가 살아남으려면?
스마트한 인재가 모이는 스마트오피스가 답이다!

예측하기 힘든 4차 산업의 혁명기 속에서 기업이 생존하려면 무엇이 필요할까? 바로 스마트한 인재(스마트 워커)다. 그들을 어디에서 찾냐고? 생각보다 어렵지 않다. 우리가 찾는 대신 그들이 우리 기업으로 오게끔 하면 된다. 이 책은 4차 산업 혁명 시대의 큰 물결 앞에서 경쟁력 확보를 원하는 기업에게 공간의 힘을 기반으로 한 기업문화 혁신 모델을 제시한다. 재택근무와 화상회의, 자율좌석제 도입을 넘어서 10배 생산성을 가진 스마트피플이 마음껏 일하고 AI, 로봇과 함께 일하도록 기업 업무 환경에 혁신을 일으키는 방식을 제안한다.

플랫폼과
콘텐츠의
관계 분석

애프터 코로나 비즈니스 4.0

선원규 지음 | 18,000원

강력한 생태계를 만들어가는 플랫폼 사이에서
생존하는 콘텐츠를 발견하라!

앞으로의 미래 시장에서 살아남으려면 플랫폼과 콘텐츠 중에서 어떤 것에 중점을 두어야 할까? 이 책은 이 문제에 대해 해결점을 찾아갈 수 있도록 플랫폼과 콘텐츠를 자세히 다루고 있다. 현 사회와 플랫폼과 콘텐츠의 상관관계를 이야기하며 플랫폼과 콘텐츠 사업모델의 다양한 종류를 소개한다. 또한 어떻게 해야 강력한 플랫폼과 콘텐츠를 만들 수 있을지 그 전략을 설명하며 앞으로의 미래 시장의 전망을 다루고 있다. 이 책을 통해 수많은 콘텐츠가 유입되는 사랑받는 플랫폼, 플랫폼의 러브콜을 받는 콘텐츠를 개발할 수 있을 것이다.